월드컵 오디세이

일러두기
- 한글 전용을 원칙으로 하되, 필요한 경우 원어나 한자를 병기하였다.
- 한글 맞춤법은 '한글 맞춤법' 및 '표준어 규정'(1988), '표준어 모음'(1990)을 적용하였다.
- 사용된 기호는 다음과 같다.
  신문, 잡지 및 정기 간행물 등 : 〈 〉
  책(단행본) : 《 》

월드컵 오디세이

축구의 기원부터 2002 한일월드컵까지

고두현 지음

"전설적인 스포츠 대기자 고두현의
흥미진진한 축구 이야기"

월드컵 오디세이
축구의 기원부터 2002 한일월드컵까지

지은이 고두현

펴낸이 이리라

책임 편집 이여진

편집 하이픈

표지 디자인 엄혜리

2023년 11월 20일 1판 1쇄 펴냄

2024년 5월 31일 1판 2쇄 펴냄

브랜드 와이드룩

펴낸곳 컬처룩

등록번호 제2011 - 000149호

주소 03993 서울시 마포구 동교로 27길 12 씨티빌딩 302호

전화 02.322.7019 ㅣ 팩스 070.8257.7019 ㅣ culturelook@daum.net

www.culturelook.net

ⓒ 2023 고두현

ISBN 979 - 11 - 92090 - 24 - 5 03690

* 이 책의 출판권은 저자와의 계약을 통해 컬처룩에 있습니다. 저작권법에 의해 보호를 받는 저작물이므로 어떤 형태나 어떤 방법으로도 무단 전재와 무단 복제를 금합니다.

* 와이드룩은 컬처룩의 출판 브랜드입니다.

widelook

차례

머리말   9

1장   축구의 문화사   11

축구는 왜 재미있는가

축구 인구가 가장 많은 나라는 미국 ǀ 축구가 재미있는 두 가지 이유 ǀ 무시무시한 축구의 기원설 ǀ FA와 통일된 규칙 탄생 ǀ 발을 앞으로 차는 동물

세계는 왜 월드컵에 열광하나

남미의 축구광들 ǀ 짜고 치른 경기에 대한 불만으로 자살한 독일인 ǀ 월드컵이 열리면 일이 손에 잡히지 않는다 ǀ 월드컵에서는 국민성이 나타난다 ǀ 브라질은 예술 축구, 아르헨티나는 기술 축구 ǀ 축구 플레이에서 음악이 들린다

축구의 난폭자 훌리건보다 더 무서운 과격파의 테러

축구의 골칫거리 훌리거니즘 ǀ '철의 여인' 대처를 격분시킨 훌리건의 난동 ǀ 월드컵의 새로운 위협, 테러리즘 ǀ 붉은 악마에게서 평화의 정신을 배워야

2장   드라마보다 더 흥미진진한 월드컵

월드컵에서 역적으로 몰린 선수와 감독

페널티킥 실축은 용서 못 한다 ǀ 골키퍼 바르보자의 비극 ǀ 스포츠는 어디까지나 스포츠다 ǀ 수도원에 피신한 이탈리아 감독 ǀ 패스 미스 단 한 차례로 역적이 되다 ǀ 자책골 때문에 살해당하다 ǀ 역적에서 일등 공신이 된 경우도

월드컵 징크스

유럽과 남미는 자기 대륙에서 열리는 대회라야 우승한다 ǀ 개최국은 단 한 차례밖에 우승하지 못한다 ǀ 개최국은 반드시 결승 토너먼트에 오른다 ǀ 첫 경기에서 지면 우승은 어렵다 ǀ 개최국을 이기면 우승하기 힘들다 ǀ 지난 대회 우승국은 첫 경기에서 고전한다 ǀ 브라질은 잉글랜드와 대결하는 대회에서 우승한다

PK 하나에 월드컵이 왔다갔다 한다

사상 최초의 승부차기는 1891년 ǀ 1982년부터 월드컵에서 PK전 채택 ǀ 동전 던지기나 제비뽑기로 승패를 가린 적도 ǀ 골든골에 얽힌 시비도 분분 ǀ 월드컵 최초의 PK전 승자는 서독 ǀ PK전의 비판이 높아진 1990 이탈리아월드컵 ǀ 강호 아르헨티나까지 PK전을 노리다니 ǀ 첫 PK전 승리로 월드컵 4강에 진입한 한국 ǀ 김병지의 충고를 받아들인 홍명보 ǀ PK전에 강한 나라와 약한 나라 ǀ PK전에서는 기술보다 정신력이 중요하다

3장   위대한 축구 선수

등번호에 얽힌 전설

에이스 넘버는 왜 10번일까 ▎ 펠레, 충격적인 데뷔 ▎ 10번을 달게 된 펠레의 후계자들 ▎ 펠레 다음은 요한 크루이프 ▎ 마라도나를 비롯한 이름난 10번 선수들 ▎ 팬들은 10번에게 무엇을 기대하나 ▎ 독일 대표팀의 에이스 넘버는 13번 ▎ 맨체스터 유나이티드는 7번이 에이스 넘버

펠레보다 위대했다는 가린샤

소아마비 장애인 가린샤의 기적 ▎ "펠레와 가린샤를 내보내야 합니다" ▎ 펠레 빠진 브라질 이끌고 월드컵 2연패 ▎ 알코올 중독으로 생을 마감하다

흑표범 에우제비우와 북한

포르투갈 식민지 모잠비크에서 태어나다 ▎ 에우제비우가 없었다면 1966 잉글랜드월드컵에서 북한은 준결승까지 갔을 수도

월드컵 다섯 차례 출전한 홍명보와 그의 우상 프랑코 바레시

20세기를 빛낸 한국 축구 스타 ▎ 세계가 알아주는 리베로 홍명보 ▎ 상대 공격진의 의도를 꿰뚫어 보아야 ▎ 경우에 따라 일부러 파울을 저지르기도 ▎ 1994 미국월드컵에서 찬란했던 리베로 ▎ 한 월드컵에서 두 골 넣은 홍명보 ▎ 홍명보의 우상 프랑코 바레시 ▎ 포기할 줄 모르는 바레시의 투혼 ▎ 바레시와 닮은 집념의 홍명보

호나우지뉴는 왜 경기 중에도 웃을까

한일월드컵에서 보여 준 놀라운 프리킥 ▎ 긴장으로부터 자유로운 호나우지뉴 ▎ 갖가지 페인트를 지닌 호나우지뉴 ▎ 어린 시절 애견을 상대로 드리블 훈련

4장 월드컵 비하인드 스토리

월드컵 축구공 진화 과정: 축구공과 명플레이의 상관관계

요술 공이 낳은 엄청난 롱슛 ǀ 1970 멕시코월드컵부터 공인구 등장 ǀ 2002 한일월드컵의 피버노바 ǀ 2006 독일월드컵의 공인구 '+팀가이스트'

TV를 둘러싼 FIFA와 IOC의 냉전

오랫동안 찢어지게 가난했던 IOC ǀ 첫 월드컵에서 흑자 낸 FIFA ǀ TV의 첫 스포츠 중계 ǀ 올림픽을 살린 TV 방영권료 ǀ FIFA는 왜 TV 방영권료를 제대로 챙기지 않았나 ǀ IOC보다 한 수 위인 FIFA

한국의 첫 월드컵 진출의 길을 열어 준 재일 동포들

FIFA 회장, 한국 팀 옹호 ǀ 첫 출전의 걸림돌은 대통령 ǀ 대통령을 설득하다 ǀ 북에서 온 박일갑과 최정민 ǀ "죽을 각오로 싸워야 한다" ǀ 재일 동포들이 후원회 결성 ǀ 역도산도 거액의 후원금 내놓아 ǀ 한국선수단의 숙소 후쿠야여관 ǀ 2차전은 무승부

머리말

스포츠 취재 현장을 떠난 지 어느덧 28년이 흘렀습니다. 지난날 '스포츠 전문 기자는 경기 스코어만 전달하는 것이 아니라 팬들이 궁금해하는 점을 심층 취재해 보도해야 한다'는 철학으로 35년을 일관했습니다. 아직도 흥미진진한 스포츠 경기를 볼 때면 예전의 취재 현장으로 돌아간 듯한 느낌이 들기도 합니다.

축구만큼 역사적으로 많은 이들이 그 매력에 빠져 열광한 스포츠는 드물 것입니다. 대표적으로 세계는 4년마다 어김없이 월드컵 축구 대회라는 심한 열병을 앓습니다. 월드컵에서 자기 나라가 졌다고 심장마비를 일으키고 자살까지 하는가 하면 이긴 나라의 국민이 감동의 충격 때문에 심장마비로 이 세상을 등지기도 했습니다. 1970년 멕시코월드컵 지역 예선의 결과가 발단이 되어 엘살바도르와 온두라스는 전쟁까지 치렀습니다. 이런 스포츠가 또 있을까요?

이 책은 2006 독일월드컵을 앞두고 나온 《2006 독일월드컵 10배 재미있게 보기》(고두현·김덕기·송수남 지음, 2006) 중 제 글을 보완하고 일부 새로 쓴 것입니다. 그보다 좀 더 확장된 축구의 역사를 써

보려 오래전부터 생각해 왔습니다. 하지만 세월이 흘러감에 따라 여건이 여의치 않았습니다. 그러다 2002 한일월드컵까지의 축구 역사만이라도 잘 정리하는 일이 필요하다고 생각하게 됐고 이 책을 출간하기에 이르렀습니다.

축구의 기원부터 월드컵의 탄생을 포함해, 2002 한일월드컵까지 방대한 자료와 분석을 통해 매력적인 축구의 세계를 이 책을 통해 보여 주고자 했습니다. 즉 펠레, 마라도나, 가린샤 등 축구 영웅의 등장과 몰락, 승부차기와 징크스 등 희비가 엇갈린 경기 기록, 한국의 첫 월드컵 진출, 한국 축구사에 길이 남을 월드컵 4강 신화 등의 풍부한 사례를 마치 관중과 함께 경기를 보듯 쓰고자 했습니다.

2002 한일월드컵 이후에도 한국 축구는 계속 도전과 성장을 하고 있습니다. 최근만 보더라도 2022 카타르월드컵에서는 16강에 올랐으며 2022 항저우 아시안게임에서는 3연속 금메달이라는 새로운 역사를 쓰고 있습니다. 또 손흥민, 이강인, 김민재, 황희찬 등 해외 명문 구단에 속한 유망한 젊은 선수들이 세계 무대에서 활약하고 있습니다. 이 책이 부족하지만 축구의 재미와 매력을 느끼는 데 촉매제가 되었으면 합니다. 아울러 청소년들에게 축구에 대한 이해와 관심을 불러일으키는 데 조금이라도 도움이 된다면 저로서는 더 이상의 보람이 없겠습니다. 또한 2002 한일월드컵에서 이뤄낸 한국 축구의 4강 신화가 다시 한번 이루어지길 고대합니다.

축구의 문화사

1

축구는 왜 재미있는가

축구 인구가 가장 많은 나라는 미국

FIFA(국제축구연맹)가 2001년 전 세계의 204개 회원국을 대상으로 조사한 바에 따르면 세계에서 축구를 즐기는 플레이어는 2억 4,000만 명에 이른다고 한다. 2002 한일월드컵을 TV로 지켜본 지구촌 가족은 연 288억 명이나 되니 가히 축구가 월드 스포츠라고 불릴 만하다. 재미있는 것은 플레이어가 가장 많은 나라는 뜻밖에도 미국으로 1,800만 명, 그다음이 1,000만 명의 인도네시아다. 그 뒤를 멕시코의 740만 명이 따르고 중국은 720만 명으로 아시아에서 가장 많다.

축구 왕국 브라질은 축구 인구가 700만 명이며, 독일은 630만 명이다. 여자 축구 인구도 만만치 않아 온 세계에 2,000만 명이며, 이 가운데 80%인 1,600만 명이 청소년이라니 앞으로 여자 축구도 무서운 속도로 발전할 것 같다. 또 온 세계에는 1,500만 개의 팀과 30만 개의 클럽이 존재한다고 한다. FIFA의 조사에는 어린이와 비정기적인 플레이어가 포함되어 있지 않다니 실제로 축구를 즐기는 인구는 이보다 더 많을 것이다.

축구가 재미있는 두 가지 이유

축구는 도대체 어떤 점이 그토록 재미있길래 그 많은 사람이 축구공을 쫓아다니고 또 구경하려고 하는 것일까? 막상 축구를 좋아하는 사람들에게 "축구의 어떤 점이 재미있습니까?"라고 물어보면 선뜻 그럴듯한 대답을 하는 사람은 그리 많지 않다. 축구의 재미를 설명하는 데는 여러 가지 주장이 있지만 그 가운데서도 크게 두 가지 이유가 그럴듯하게 들린다.

첫째, 규칙이 간단해서 알기 쉽고 둘째, 다른 스포츠들과는 달리 발을 쓰는 구기라는 점이다. 축구처럼 관중이 보기 쉽고 알기 쉬운 경기도 드물다. 아무튼 손으로 공을 잡지 않고 상대방 골에 정당하게만 공을 넣으면 1점이다. 농구는 한 골에 2점이나 3점, 럭비는 트라이가 5점, 골이 2점, 페널티킥이나 드롭골은 3점 등이다. 축구는 그런 여러 득점법도 없이 바로 한 골이 1점이다. 반칙에 의한 프리킥이건 페널티킥이건 정당한 슛이건 아무튼 골에 들어가면 1점이다.

축구 경기 규칙은 고작해야 모두 17조밖에 안 된다. 구기 종목 가운데 가장 간단하고 짧을 뿐 아니라 또 매우 알기 쉽다. 금지 사항은 기껏해야 상대방을 차거나 때리거나 잡거나 기타 상대방에게 위험을 미치는 거친 플레이 등 상식적으로 생각해도 알 수 있는 것들이다. 보통 사람들이 생각해서 "저러면 안 되는데……"라는 사항은 반칙이라고 보면 틀림없다. 일반적으로 농구, 야구, 배구, 미식축구처럼 미국에서 태어난 스포츠는 기술적인 규제가 많은 편이다.

무시무시한 축구의 기원설

영국의 스포츠는 자연 발생적인 것들이 많다. 그 대표적인 것이 바로 축구다. 미국의 스포츠는 규칙을 먼저 생각해서 탄생했지만 축구는 이 동네 저 동네 이 학교 저 학교에서 마구 멋대로 경기를 하다가 나중에 필요에 따라 규칙을 생각해 낸 스포츠다.

영국에 전해지는 축구의 기원 가운데 무시무시한 이야기가 있다. 8세기에 스칸디나비아에서 영국으로 쳐들어온 침략군을 템스 강 인근의 킹스턴에서 물리쳤을 때 적장敵將의 목을 발로 찬 것이 축구의 기원이라고 한다. 그러나 이것은 어디까지나 전설에 지나지 않는다. 만약 적장의 목을 발로 찬 일이 실제 있었다 해도 그것이 바로 축구의 기원은 아닐 것이다. 원래 축구 같은 놀이가 이미 존재했는데, 마침 역사적 사건과 만나, 굴러다니던 목도 차면서 놀았을 것이다.

영국의 에드워드 2세 때 런던 거리에서 치러진 축구는 마치 시가전 같았다.

스코틀랜드 화가 알렉산더 카스가 1830년에 그린 〈축구 경기〉.

위험을 무릅쓴 축구 구경. 1933년 3월 영국 런던의 웨스트 햄의 그라운드에서 경기 전 지붕 위에 올라가 있는 관중에게 경관이 아래로 내려가도록 지시하고 있다. 축구의 매력을 말해 주는 한 장면이다.

이 무시무시한 전설이 그럴싸하게 여겨질 만큼 12세기쯤부터 영국을 휩쓸기 시작한 축구는 몹 풋볼 mob football(폭도의 축구)이라고 불릴 정도로 거칠었다. 그 당시 축구는 도시의 두 구역이나 시골의 두 마을이 총동원되어 치르는 경기라 참가 인원수나 경기 시간 그리고 경기장에도 제한이 없었다. 공을 옮기는 방법도 제한이 없어 안고 뛰거나 차거나 던져도 관계없었다. 상대방의 공격을 막기 위해 칼만 휘두르지 않으면 무슨 수단을 써도 괜찮았다. 서로 잡고 뒹구는 육탄전이 벌어져 부상자는 물론 심지어 죽는 사람이 나오기까지 했다. 경기 시간도 제한이 없어 상대 마을의 성문 혹은 골로 정해진 나무 밑에 공을 옮겨놓아 어느 쪽이건 1점만 먼저 올리면 경기는 끝났다. 하루에 승패가 가려지지 않으면 끝날 때까지 며칠이고 경기를 계속하는 경우도 있었다. 당시의 축구는 억압당하고 살던 서민들의 불만 배출구였던 셈이다.

FA와 통일된 규칙 탄생

이렇듯 거친 중세의 축구가 19세기에는 (영국) 퍼블릭 스쿨의 체육 과목으로 채택된다. 학교 간 교류 경기가 치러지고, 대학 사이의 경기가 벌어지고, 졸업생들이 클럽을 결성하기에 이르자 통일된 경기 규칙이 절실히 필요하게 됐다.

1863년 드디어 런던에서 FA(Football Association 축구협회)를 구성하고 통일된 규칙을 만들었다. 이 통일된 규칙은 필연적으로 승리를 위한 기술과 전략 개발로 이어졌다. 그 뒤 축구는 영국의 무역선, 군함 등을 따라 온 세계로 퍼져나갔다.

축구는 적도 표지판도 옮겼다

인도네시아에서도 축구 인기가 높다. 아시안게임을 비롯한 아시아 지역 대회에서 한국과 자주 대결해 온 인도네시아는 남국의 축구답게 발재간이 좋고 날카로운 감각이 빼어나다.

인도네시아 칼리만탄의 폰티아낙 마을은 적도가 지나가는 곳이라 적도 표지판이 세워져 있다. 그러나 그 표지판을 처음 본 사람은 누구나 눈이 휘둥그레지게 마련이다. "이 표지는 적도에서 북쪽 40피트(약 12미터)에 세워져 있다"라고 적혀 있기 때문이다. 원래는 표지판이 바로 적도에 세워져 있었으나 축구장을 지을 때 방해가 되자 표지판을 북쪽으로 옮긴 것이다. 가히 "적도까지 움직일 수 있는 스포츠가 축구다"라고 할 만하다.

발을 앞으로 차는 동물

축구가 지구촌 가족의 마음을 사로잡은 까닭은 역시 발로 공을 다루는 재미 때문이다. 축구 황제 브라질의 펠레, 아르헨티나의 신동 마라도나, 잉글랜드의 슈퍼스타 베컴, 프랑스의 전설 지단, 브라질의 호나우지뉴 등 스타 선수들의 눈부신 드리블과 화려한 공 컨트롤, 환상적인 슛 등은 각본 없는 드라마다.

옛날부터 사람들은 거의 모든 작업을 손으로 해 왔다. 발이란 걷거나 뛰거나 점프하는 데에만 쓰였을 것이다. 발은 손처럼 잔재주를 부리기가 어렵다. 발로 작은 물건을 툭 차는 것은 쉽지 않다. 그래서 사람들은 어쩌다가 길바닥에 굴러다니는 솔방울이나 나무토

막 혹은 작은 돌멩이 같은 것을 차 보았는지 모른다. 차 보니까 아마 재미가 있었을 것이다.

 발을 앞으로 휘둘러 찰 수 있는 동물은 사람뿐이다. 말의 발길질이 아무리 강력하다 해도 뒤로 찰 수 있을 뿐이다. 발을 앞으로 휘둘러 찰 수 있는 것은 복근이 발달되어 있고 두 다리로 바로 서기 때문에 가능하며 사람만의 특기다. "따라서 축구는 가장 사람다운 경기다"라는 주장도 있다.

세계는 왜 월드컵에 열광하나

지구는 어김없이 4년마다 월드컵 축구 대회라는 심한 열병을 앓는다. 월드컵에서 자기 나라가 졌다고 심장마비를 일으키고 자살까지 하는 것도 그렇지만 이긴 나라의 국민이 감동의 충격에 심장마비로 목숨을 잃는 일도 있었다. 1970 멕시코월드컵 지역 예선의 결과가 발단이 되어 엘살바도르와 온두라스는 전쟁까지 치렀다. 1930년 우루과이에서 치른 제1회 월드컵 결승전에서 아르헨티나가 우루과이에게 2:4로 패하자 아르헨티나 국민은 "심판의 판정이 불공정했다"라며 우루과이대사관으로 몰려가 돌을 던지며 난동을 벌였다. 결국 아르헨티나와 우루과이는 한때 국교까지 중단됐다.

남미의 축구광들

1982 스페인월드컵 2차 리그 C조에서는 강력한 우승 후보 브라질이 이탈리아에게 2:3으로 패배해 4강 진출이 좌절되었다. 브라질에서는 2명이 자살하고 5명이 심장마비로 숨졌다고 전해진다. 일본의 마츠모토 이쿠오가 쓴《세계는 왜 축구에 열광하나》에는 "32명의

월드컵 제1회 대회인 1930 우루과이월드컵의 결승전은 개최국 우루과이와 아르헨티나의 대결이었다. 당시 아르헨티나의 부에노스아이레스 항구에서는 결승전 관람 승객을 태우고 출항하려던 배 10척에 서로 앞다투어 타려던 3명이 물에 빠져 죽었다.

브라질 축구 팬들이 패전의 충격으로 자살했다"라고 나와 있다. 그때 브라질에서 몇 사람이나 자살했는지 확인할 길은 없다. 월드컵에서 지면 살맛을 잃을 정도로 사람들은 월드컵의 마력에 흠뻑 빠져 있다.

월드컵 제1회 대회인 1930 우루과이월드컵의 결승전은 개최국 우루과이와 아르헨디나의 대결이었다. 라플라타강을 사이에 두고 우루과이와 이웃해 있는 아르헨티나의 부에노스아이레스 항구에서는 결승전 관람 승객을 태우고 출항하려던 배 10척에 서로 앞다투어 타려던 3명이 물에 빠져 죽었다. 이들은 월드컵 관련 최초의 사망자다.

2차 세계 대전으로 중단됐던 월드컵은 1950년 브라질에서 제

4회 대회가 열렸다. 이 대회에서는 우승 팀을 토너먼트가 아닌 결승 리그로 가리기로 돼 있었다. 결승 리그의 실질적인 결승전은 브라질과 우루과이의 대결이었다. 가장 강력한 우승 후보로 손꼽히던 브라질은 비기기만 해도 우승할 수 있는 유리한 고지에 있었다. 그러나 뜻밖에도 브라질은 1:2로 우루과이에게 지고 말았다. 패배의 소식이 전해지자 리우데자네이루는 죽음의 거리로 변해 모두가 통곡했다. 라디오로 이 충격적 패배를 전해 들은 한 남자는 라디오를 때려 부수고 약혼녀를 권총으로 쏴 죽였다. 신고받고 달려온 경관 2명에게도 총을 발사한 뒤 그는 자살했다. 경기장 스탠드에서는 브라질 팬 2명이 자살했고, 2명이 심장마비로 숨졌으며, 69명이 기절하는 소동이 벌어졌다. 한편 승리를 거둔 우루과이의 몬테비데오에서는 라디오를 듣고 있던 3명이 우승 소식에 충격받은 나머지 심장마비로 죽고 말았다.

짜고 치른 경기에 대한 불만으로 자살한 독일인

유럽의 축구 팬들이 남미 팬들보다 월드컵 결과 때문에 심장마비를 일으키거나 자살하는 경우는 드물다. 그러나 1982 스페인월드컵 때 한 독일인이 자살했다. 그는 1차 리그 2조에서 서독이 오스트리아에게 1:0으로 이겨 두 팀 모두 2차 리그에 진출한 것을 두고 스코어를 조작하여 미리 짜고 치른 담합 경기라며 분개해서 스스로 목숨을 끊었다.

　이 경기를 앞두고 서독은 1승 1패, 오스트리아는 2승을 기록하고 있었다. 서독은 오스트리아를 이겨야만 2차 리그 진출이 가능했고 오스트리아는 지더라도 대량 실점만 하지 않으면 2차 리그에 오

열광하는 관중. 월드컵은 온 세계를 열광의 도가니로 몰아넣는 마력이 있다.

를 상황이었다. 같은 독일어 문화권인 데다가 오스트리아는 이웃한 서독의 프로 축구 분데스리가에 많은 선수를 보내고 있어 두 나라는 매우 가까운 사이였다. 경기가 시작된 지 10분 만에 서독이 한 골을 넣은 뒤 두 팀은 적극적 공격은 취하지 않은 채 시간을 보내 결국 서독의 1:0 승으로 경기를 끝냈다. 두 팀이 모두 2차 리그에 오를 수 있는 스코어였다. 프랑스의 미셸 이달고 감독이 "노벨평화상을 받을 만한 경기"라고 비꼬았을 정도로 무기력하고 속이 뻔히 들여다보이는 경기였다.

월드컵이 열리면 일이 손에 잡히지 않는다

월드컵에 열광하는 브라질, 아르헨티나 등 남미 여러 나라에서는 월드컵 기간 중 모든 일이 멈추게 된다. 월드컵에 정신이 팔려 브라질에서는 재판도 제대로 진행이 안 된다고 한다. 판사가 재판정에 나가지 않고 TV 앞에서 꼼짝도 하지 않기 때문이다. 월드컵 동안 브라질의 생산성은 뚜렷하게 떨어진다. 사람들이 TV를 보기 위해 직장에 안 나오거나 조퇴한다. 따라서 공장은 아예 TV 수상기를 공장 안에 설치하고 브라질 경기가 있을 때는 모든 일을 멈춘다.

이런 브라질에서 1994 미국월드컵 때 폭동이 일어났다. 피멘타 부에노라는 도시에서 수천 명에 이르는 시민이 시청에 몰려들어 돌을 던지는 소동을 일으켰다. 난동의 원인은 정전이었다. 브라질이 러시아와 대결하고 있던 시간에 정전이 되자 TV를 못 보게 된 시민들이 분개해서 소란을 피운 것이다.

이런 현상은 유럽에서도 마찬가지다. 이탈리아에서는 월드컵 기간 중 공장 가동률을 떨어뜨리지 않기 위해 특별 수당을 지급하는 회사가 적지 않다. 월드컵 기간 중 특별 휴가를 주는 회사도 있다. 월드컵에 열광하는 것은 월드컵에 나가지 못하거나 운 좋게 월드컵 본대회에 나가더라도 초반에 탈락하는 나라에서도 마찬가지다.

1994 미국월드컵 때 방글라데시에서는 학생들의 수업 거부 소동이 일어났다. 월드컵 기간 중 시험을 연기해 달라는 요구를 받아 주지 않았기 때문이다. 같은 대회 기간 중 태국에서는 교육부가 7월 18일의 수업을 쉬도록 각급 학교에 지시했다. 이날 새벽 4시 반 (태국 시각)까지 월드컵 결승전이 TV로 중계되기 때문이었다. 학생도 교사도 TV를 지켜보느라 잠을 제대로 못 잔 채 졸린 눈으로 수업이 제대로 진행되기는 어렵다고 판단해서 내려진 조처였다.

정말 축구 때문에 전쟁이 일어났나?

1969년에 일어난 엘살바도르와 온두라스의 전쟁은 일명 '축구 전쟁'으로 불린다. 그 배경에는 두 나라 사이의 해묵은 감정 대립이 있었다. 온두라스에는 그동안 엘살바도르로부터 30만 명이나 되는 농민이 불법 입국해서 농사를 짓고 있었다. 온두라스에서 돈을 버는 이들은 온두라스의 본토박이인 가난한 사람들에게 반감을 샀다. 온두라스는 1969년 농지 개혁을 실시하면서 불법 입국자들을 나라 밖으로 내쫓았다. 이 문제로 두 나라 사이에는 감정의 골이 깊어졌다.

거기다 1821년 이래 두 나라 사이에는 국경선도 분명치 않았다. 1970 멕시코월드컵을 1년 앞두고 카리브, 북중미 2차 예선에서 각각 홈그라운드에서 이겨 1승 1패 동률이 된 두 나라는 멕시코에서 3차전을 치르게 됐다. 3차전이 열리기 전날 이미 비상사태를 선포하고 예비역을 소집한 엘살바도르 정부는 온두라스에게 외교 단절을 통고했다. 3차전이 연장전 끝에 엘살바도르가 3:2로 승리하자 온두라스는 바로 엘살바도르와 외교 관계를 끊고 먼저 침공을 했다. OAS(미주기구)와 UN의 중재로 얼마 뒤 전쟁은 끝났으나 두 나라 사이의 평화 협정은 1980년에야 맺어졌다.

월드컵에서는 국민성이 나타난다

미국의 국무장관을 지낸 헨리 키신저는 월드컵이 열리면 미국의 〈로스앤젤레스 타임스 Los Angeles Times〉나 일본의 〈요미우리 신문 読売新聞〉 등에 경기 평을 쓰기도 하는 프로급 축구 평론가다. 키신저는 "축구는 단순한 스포츠가 아니라 각국의 국민성을 엿볼 수 있어 더욱 재미가 있다"라고 말했다. 그는 "독일 축구는 매우 합리적이고 단단해 흡사 독일제 기계를 떠올리게 만든다"라고 평한다. 독일 축구는 마치 전쟁을 치르듯 참모본부를 두고 세부 사항까지 작전을 세우고 착실한 준비와 맹훈련으로 경기에 빈틈없이 대비하기 때문에 때로는 딱딱한 느낌을 준다는 것이다.

독일과는 대조적으로 브라질 축구는 플레이가 자유롭다. 선수들은 서커스단의 곡예사처럼 아슬아슬한 재주를 펼친다. 물론 현대적인 축구 흐름을 타기 때문에 강력한 통제력을 지니기는 하지만

월드컵에 사로잡힌 헨리 키신저

베트남전을 종식시키는 데 이바지한 공로로 1973년 노벨평화상을 받은 헨리 키신저에게는 축구에 얽힌 일화가 많다. 소년 시절부터 축구의 매력에 사로잡힌 그는 열렬한 축구광이었다. 1923년 독일에서 태어난 그는 1943년 미국으로 귀화한 뒤 하버드대학교를 졸업하고 모교의 강단에 섰으며 1973년부터 1977년까지 국무장관을 지냈다. 키신저는 요직에 있으면서도 축구 경기가 시작되면 회의를 중단하고 TV 앞에 앉았다. 월드컵이 열리면 세계 각국의 언론 기관으로부터 경기 예상과 관전평을 청탁받을 만큼 축구에 대해 일가견이 있었다. 키신저는 1994 미국월드컵의 성공적인 개최에 이바지하여 1996년 FIFA로부터 훈장(금상)을 받기도 했다.

먼저 수비에 치중하다 상대방이 지치면 단숨에 에너지를 폭발시키는 로마 군단의 전략은 오늘날 이탈리아 축구에도 살아 있다. 2002 한일월드컵 16강전 한국 - 이탈리아전에서 이탈리아의 비에리가 한국 문전에서 헤딩 슛을 성공시키고 있다. (사진 연합뉴스)

화려한 개인기를 바탕으로 공격적인 축구가 특징이다.

이탈리아 축구는 참을성 있게 수비를 굳혀 상대 팀을 지치게 만든 뒤 기회가 생기면 그동안 축적해 두었던 에너지를 단숨에 폭발시켜 골을 넣어 버린다. 키신저는 그 폭발력을 이렇게 풀이한다.

"이탈리아 사람들은 영화로운 시대와 굴욕의 시내를 거쳐 살아남은 오랜 역사 속의 경험을 살려 생사가 걸린 막판 갈림길에 대비하기 위해서는 힘을 비축해 두어야 한다는 신념을 키워 왔다. 그들의 축구에는 그런 신념이 반영돼 있다."

이탈리아 축구는 지난날 막강했던 고대 로마의 정신적 유산을 이어받았다는 이야기다.

　영국은 그동안 지나치게 틀에 박힌 축구를 해 왔다. 축구의 종주국이라는 자부심이 영국인에게는 있었다. 공을 상대 문전으로 힘껏 내찬 뒤 있는 힘을 다해 달려들어 골을 노리는 고전적인 경기 운영이 영국 축구의 오랜 전통이었다. 이 때문에 현대 축구의 가장 큰 특징인 지역 방어를 뚫는 다양한 패스 개발을 소홀히 해 왔으나 최근에는 이 결점이 상당히 보완되었다. 영국이 1966 잉글랜드월드컵 이래 또다시 우승을 노려볼 만한 수준에 올랐다고 보기도 한다.

브라질은 예술 축구, 아르헨티나는 기술 축구

프랑스는 강한 신체적 접촉을 피하고 화려한 공 키핑으로 멋있는 경기를 펼친다. 그래서 프랑스 축구는 '샴페인 축구'라고 불린다. 그러나 프랑스는 육탄전을 벌이면 제대로 경기를 펼치지 못할 때가 있다.

　스페인은 국지전을 좋아해 어느 곳에서나 드리블을 펼치고 짧은 패스가 잇따라 이어진다. 조직력보다는 개개인이 자신의 영역에서 정열적인 힘을 드러내는 것이 스페인 축구의 특징이다. 스페인 축구가 세계 정상급 수준을 자랑하면서도 어쩌면 조직력을 가볍게 여겨 월드컵 우승이 힘든 것인지도 모른다.

　러시아는 전통적인 롱패스, 지구력, 스피드를 갖춰 인간 능력의 한계에 도전하는 축구를 펼쳐 왔지만 공산 체제의 후유증인지 창의력에서 뒤처질 때가 있다.

　거스 히딩크 감독과 딕 아드보카트 감독의 나라인 네덜란드는 비록 나라는 작지만 전원 수비, 전원 공격으로 현대 축구의 교과서

같은 경기를 한다. 요한 크라위프가 이끌었던 네덜란드는 1974 서독 월드컵에서 결승까지 진출했으나, 개최국 독일에게 1:2로 아깝게 졌다. 네덜란드는 다음 대회인 1978 아르헨티나월드컵에서도 결승까지 올라가 아르헨티나에게 0:3으로 무릎을 꿇었다. 하지만 2연속 월드컵 결승 진출로 네덜란드는 세계를 크게 놀라게 했다.

한마디로 유럽은 힘의 축구, 남미는 개인기의 축구라고 하지만 같은 유럽, 같은 남미라도 나라마다 특징이 서로 다르다. 예컨대 같은 남미라도 브라질은 공을 천천히 그러나 다채로운 패스로 돌리면서 상대 팀 진영으로 파고들다가 상대 골 앞에서의 슛 찬스에서는 갑자기 속도를 올려 골을 노린다. 아르헨티나는 하프라인을 넘어서면 돌연 스피드를 올려 스루패스를 주로 이용해, 골을 노린다. 남미 축구를 보면 브라질은 예술 축구, 아르헨티나는 기술 축구, 우루과이는 공격 위주, 페루는 수비 위주라고 할 수 있다.

축구 플레이에서 음악이 들린다

세계 축구의 두 기둥이라고 할 수 있는 유럽 축구와 남미 축구를 음악과 연관시켜 그 특징을 설명하려는 시도도 재미있다. 남미의 대표 격인 브라질은 '삼바 축구'라고 불린다. 어릴 때부터 삼바 리듬 속에 살아온 브라질 사람들은 축구의 플레이에도 그 리듬을 살리는 것처럼 보인다. 1962 칠레월드컵 때는 축구 황제 펠레가 빠진 채로 브라질이 우승했다. 그때 우승을 이끈 가린샤 등이 펼친 환상적인 드리블을 보고 있노라면 마치 그라운드에서 삼바 춤을 보는 것 같은 착각이 든다.

한편 유럽의 대표 격인 독일 축구는 마치 심포니 오케스트라의 느낌을 준다. 개인기보다 팀워크에 중점을 둔 독일 축구는 일사불란한 경기 운영에 힘을 기울여 어느 한 사람만 실수해도 연주를 망치는 심포니 오케스트라와 일맥상통한다. 각 선수의 움직임이 하나로 조화를 이룰 때 독일 축구는 관중의 뜨거운 박수를 받는다.

 화려한 공 다루기로 그라운드를 수놓는 프랑스는 샹송 느낌을 풍긴다. 또 긴 패스에 이어 상대 팀 문전에 쇄도하는 영국 축구는 강렬한 비트의 록 음악을 연상시킨다. 요즘은 많은 스포츠 선수들이 음악의 리듬에 맞춰 몸을 움직이는 훈련을 하고 있다. 그렇다면 한국 축구도 우리 고유의 가락과 리듬으로 훈련해 본다면 어떨까.

 # 축구의 난폭자 훌리건보다
더 무서운 과격파의 테러

21세기는 '로봇의 시대'라고 한다. 전쟁터에서도 로봇이 등장하고 재난당했을 때도 로봇이 인명 구조를 돕게 된다. 2006 독일월드컵에서는 월드컵 사상 첫 경비 로봇이 선을 보였다. 2005년 12월 14일 독일월드컵에서 동원될 소형 탱크 모양의 대테러 경비 로봇 오프로의 모습이 공개됐다. 이 경비 로봇은 경기장 안팎을 돌면서 공기 중의 화학 물질이나 온도 차를 감지하고 폭탄이나 무기 그리고 으슥한 곳에 숨어 있는 수상한 자를 찾아낸다. 2005년 7월 영국 런던에서 연쇄 폭탄 테러가 일어나 경계심이 높아져 경비 로봇 도입이 결정됐다.

길이 70cm, 너비 50cm, 높이 140cm인 이 로봇은 베를린의 로보워치사가 개발했다. 위에 솟아나온 바의 앞 끝에는 360도 회전이 가능한 적외선 카메라가 달려 있다. 반경 30m의 공기를 분석할 수 있는 장치도 탑재되어 있다. 개발사는 "말하자면 기능을 갖춘 눈과 코가 달린 로봇이다"라고 자랑한다. 로봇은 이상을 감지하면 즉각 경기장 안의 경비 센터에 데이터를 전송한다. 입력시킨 코스를 최고 시속 7km로 움직이면서 계단도 오르내릴 수 있다. 당시 가격은 한 대에

7만 8,000유로이니 우리 돈으로는 약 1억 1,000만 원 정도 된다.

축구의 골칫거리 훌리거니즘

월드컵이 열릴 때마다 FIFA와 대회조직위원회 그리고 개최국 경찰은 훌리건Hooligan의 난동을 어떻게 막을 것인가에 골머리를 앓아 왔다. 훌리건이란 폭력적인 축구 팬 집단을 가리킨다. 훌리건이란 원래 건달, 깡패를 뜻하며, 런던에 살고 있던 아일랜드인 건달의 이름에서 비롯됐다. 오늘날 잉글랜드뿐 아니라 세계 여러 나라에 훌리거니즘Hooliganism이 퍼져 독일, 네덜란드, 튀르키예, 아르헨티나를 비롯한 남미 여러 나라, 아시아에서는 중국 등의 훌리건이 경계 대상이다.

그 많은 스포츠 가운데 왜 축구에만 과격하고 폭력적인 팬 집단이 있는 것일까? 프로 복싱, 프로 야구, 프로 농구 등에도 광적인 팬들이 폭력을 휘두를 때도 있다. 그러나 축구의 훌리건은 판정의 시비나 경기 결과 등에 관계없이 마구 상대 팀의 팬들에게 폭행을 가하고 심지어 거리의 상점을 때려 부수는 등 조직적인 폭력 행사에 즐거움을 느끼는 집단이라는 것이 다른 스포츠의 팬들과 다르다.

그렇다면 왜 훌리건은 난동을 부리는 것일까? 내셔널리즘, 사회 현실에 대한 불만 등 여러 가지 설명이 나오고 있으나 많은 사람으로부터 지지를 받는 그럴듯한 주장은 없다. 그 가운데 일본의 축구 기자인 고토의 주장은 매우 흥미롭다. 간추리면 다음과 같다. "훌리건의 행동 양식은 거칠고 거친 중세 축구의 행동 양식을 그대로 따르고 있다. 중세의 축구란 육체적 접촉 그리고 명문화된 규칙도 없는 싸움이었다. 훌리건들은 아마도 중세의 공차기 놀이 잔치를 체험하는 것

이탈리아 리그에서 흥분한 관중이 선수에게 돌을 던지자 경찰이 방패로 선수를 보호하면서 경기장을 빠져나가고 있다.

일 것이다. 그들은 현대 사회에서는 완전히 상실해 버린 커뮤니티 구성원끼리의 육체적 접촉을 시도하는 것이다. 나아가 상대 팀 응원단, 상대 팀 나라의 경찰관이나 군대와 실전을 벌여 보고 싶은 것이다." 그러고 보면 훌리건의 난동은 사회에 대한 불만, 내셔널리즘, 투쟁 본능 등이 복합적으로 작용하는 것일까.

1985년 5월 29일 벨기에 브뤼셀의 헤이젤 경기장에서 일어난 '헤이젤의 비극'은 훌리건의 유혈 난동으로 온 세계를 경악시켰다. 이날 헤이젤 경기장에서의 유러피언컵 결승전은 이탈리아 유벤투스와 잉글랜드 리버풀의 대결이었다. 경기는 제3국인 벨기에의 브

1985년에 브뤼셀의 헤이젤 스타디움에서 열린 유러피언컵 결승전에서 잉글랜드 훌리건의 유혈 난동이 일어났다. 39명이 목숨을 잃은 이른바 '헤이젤의 비극'이다. 라이벌 축구 팬들 사이의 처참한 충돌 후 쓰레기가 널린 관중석 앞에 벨기에 경찰들이 줄지어 서 있다. (사진 연합뉴스)

뤼셀에서 열렸지만 두 팀의 팬들은 1,000km의 거리를 마다하지 않고 잉글랜드와 이탈리아에서 날아와 다른 나라의 관중과 함께 경기장 스탠드를 꽉 메웠다. 경기가 열리기 전 갑자기 리버풀 팬들이 가까이 자리 잡고 있었던 유벤투스 팬들에게 달려들었다. 관중석에 입장하기 전 철저한 몸수색으로 리버풀 팬들은 무기를 지니고 있지는 않았으나 (문신이 새겨진) 팔을 휘두르며 유벤투스 팬들을 덮쳤다. 겁에 질린 유벤투스 팬들은 도망가려고 했으나 스탠드는 초만원이었기 때문에 제대로 움직일 수가 없었다. 결국 짧은 시간 동안 39명이 사망했고 부상자는 400명이 넘었다. 때마침 생중계 중이던 TV를 통해 이 참극은 온 세계에 알려졌고, '잉글랜드의 훌리건은 무섭다'는 인식이 널리 퍼졌다.

'철의 여인' 대처를 격분시킨 훌리건의 난동

당시 영국의 총리는 '철의 여인'이라 불린 마거릿 대처였다. 1979년부터 1990년까지 영국의 보수당 당수 겸 총리를 지낸 대처는 재임 기간 중 여러 가지 어려운 국내 정치, 경제, 복잡한 국제 정치 문제들을 강한 신념으로 밀고 나갔다. 그러나 변명의 여지가 있을 수 없는 잉글랜드 훌리건의 난동에는 큰 충격을 받았다. 사건이 일어난 다음 날 긴급 각료 회의를 마친 뒤 기자 회견을 갖고 "온몸의 피가 거꾸로 치솟는 노여움을 느낀다"라고 말했다.

대처는 당시 멕시코에 가 있던 축구협회장과 사무국장을 바로 런던으로 불러들여 사태 수습을 논의했고, "영국 정부는 난동에 가담한 자들을 엄벌로 다스리겠다"라며 폭력에 대해 강경한 자세를 보였다. 엘리자베스 여왕과 대처 총리는 이탈리아와 벨기에 총리에게 유감의 뜻이 담긴 서한을 보냈고, 영국 정부는 희생자들에 대한 위로금으로 25만 파운드를 지불했다. 대처 총리는 축구협회장과 의논한 끝에 다음 시즌 잉글랜드 축구 팀의 유럽 원정을 전면 금지시켰다. 어쩌면 훌리건의 난동은 대처 총리를 가장 괴롭힌 영국의 사회 문제였는지도 모르겠다.

유럽축구연맹도 '헤이젤의 비극'에 대한 책임을 묻고 잉글랜드 팀의 유럽 3대 리그(잉글랜드, 이탈리아, 스페인) 컵 출전을 무기한으로 금지시켰다. 1989년에 유럽축구연맹의 제재는 풀렸으나 4년 동안 유럽 3대 리그 컵 대회 출전을 금지당한 잉글랜드의 프로 팀들은 재정적으로 엄청난 손실을 보는 한편 유럽 팀들과의 교류가 원활치 않아 전력 저하로 이어졌다.

월드컵의 새로운 위협, 테러리즘

미국에서의 9·11 테러, 그리고 2005년 7월 영국 런던에서의 연쇄 폭탄 테러 등의 특징은 대상을 가리지 않는 무고한 사람들의 대량학살이다. 1972 뮌헨올림픽에서는 팔레스타인 테러 집단인 '검은 9월단'이 올림픽선수촌 이스라엘 선수단 숙소를 습격해 이스라엘 선수와 임원 11명 그리고 테러범 전원이 목숨을 잃는 참극이 일어났다.

지구촌의 큰잔치인 월드컵은 아직까지는 심각한 테러의 위협을 받아본 일이 없다. 그러나 불안한 국제 정세, 인종 갈등, 종교 분쟁 등 오늘날의 세계가 안고 있는 격렬한 여러 분야의 대립은 여러 곳에서 테러의 형태로 나타나고 있다. 올림픽은 대회가 열릴 때마다 안전 문제에 엄청난 신경을 쓰고 막대한 경비를 퍼붓는다. 올림픽보다 관심이 더 뜨거운 월드컵이 언제나 테러의 표적이 되지 않는다는 보장이 없다. 월드컵은 훌리건보다 더 무서운 테러리즘에도 대비해야 한다. 독일월드컵이 대테러 경비 로봇을 등장시킨 것도 일어나서는 안 될 사태에 만반의 대비를 갖추겠다는 의지의 표현으로 보인다.

붉은 악마에게서 평화의 정신을 배워야

한국은 2002 한일월드컵에서 두 가지 큰일을 일으켜 세계를 놀라게 했다. 하나는 말할 것도 없이 유럽과 남미(중북미 포함)를 제외한 대륙에서 처음으로 월드컵 4강에 진입한 것이고, 또 하나는 매우 질서 있고 조직적인 '붉은 악마'의 깨끗한 응원으로 온 세계에 감동을 준 것이다.

한국 축구를 월드컵 4강에 진입시킨 히딩크 감독도 "폭력이 배제된 한국 팬들의 응원은 놀라운 일이다"라고 감탄했다. 응원했던 자리의 휴지 조각까지 말끔히 청소하고 떠나는 '붉은 악마'의 질서 의식은 세계의 축구 문화뿐만 아니라 모든 종목의 스포츠 문화에 긍정적인 영향을 미칠 것이다.

②

드라마보다 더
흥미진진한
월드컵

# 월드컵에서 역적으로 몰린 선수와 감독

월드컵에서 경기 성적에 집착하다 보면 뜻밖에 패배한 팀의 팬들은 엄청난 비난을 퍼붓곤 한다. 때로는 감독이, 때로는 선수가 패배를 가져온 장본인으로 지목되면 '역적'으로 낙인 찍힌다. 심한 경우 목숨까지 잃은 일도 있었다. 일부 광적인 팬들은 "너 때문에 졌다"라며 비난할 희생양을 원하기 때문이다.

페널티킥 실축은 용서 못 한다

2006 독일월드컵 아프리카 지역 예선의 막판 경기가 치러진 카메룬에서도 광기 어린 팬들의 난동이 일어났다. 이기면 월드컵 출전이 확정되는 이집트와의 경기에서 카메룬은 1:1로 경기 종료 시간이 얼마 남지 않은 긴박한 상황에 황금 같은 페널티킥을 얻어 냈다. 그러나 이 귀중한 페널티킥을 키커인 피에르 워메가 실패하고 말았다. 이로써 카메룬의 월드컵 6연속 출전의 꿈이 깨졌다. 카메룬이 이집트와 비기는 바람에 같은 조의 라이벌인 코트디부아르가 처음으로 월드컵 출전의 소망을 이루었다.

워메의 페널티킥 실축에 화가 난 카메룬의 일부 팬들은 워메의 가족이 살고 있는 자택을 습격해 그의 승용차를 때려 부수고 워메의 여자 친구가 일하는 미장원까지 파괴해 버렸다. 워메는 경광등이 없는 암행 순찰차를 타고 공항으로 직행해 피해야만 했다. 워메는 두고두고 많은 카메룬 사람들로부터 "저 녀석이 페널티킥만 실축하지 않았으면 카메룬은 6번째 월드컵 출전을 이룩했을 텐데……"라는 원망을 들어야 했다.

골키퍼 바르보자의 비극

1950 브라질월드컵에서의 실질적인 결승전은 결승 리그에서 치러진 브라질과 우루과이의 대결이었다. 브라질은 선제골을 올리고도 눈 깜짝할 사이에 우루과이에게 2골을 빼앗겨 1:2로 역전패당하고 우승을 놓쳐 버렸다. 브라질 전국이 초상집으로 변했고 온 나라 안에 불만과 분노가 끓어올랐다. 끓어오르는 에너지는 희생양 찾기로 이어졌다. 결국 그 경기에서 골키퍼를 맡았던 모아시르 바르보자가 역적으로 찍히고 말았다. "그 골키퍼 때문에 우승을 못 했어." 그 뒤 바르보자의 인생은 지옥이나 다름없었다. 바르보자가 술집에 나타나면 그곳에 있던 손님들은 모두 아무 말 없이 나가 버렸다. 바르보자는 거의 모든 사람들에게 따돌림을 받게 됐고, 사람들은 그를 볼 때마다 "그 경기에서 진 것은 네가 잘못했기 때문"이라고 비난을 퍼부었다. 바르보자는 이렇게 돌이킨 적이 있다. "만약 내가 감정을 억제하지 못했다면 나를 비난하는 사람을 마구 때려 폭행죄로 교도소에 갇혔거나 그런 싸움 끝에 누구에겐가 맞아 죽었을지도 모른다."

1980년대에는 이런 일이 있었다. 슈퍼마켓에 간 바르보자를 보고 어떤 여성이 자기 아들에게 "저 사람이 바로 브라질 전체를 울린 사람이야"라고 말해 바르보자의 가슴을 찢어 놓았다. 1994 미국 월드컵을 1년 앞두고 바르보자는 브라질 대표팀을 찾아 격려하려고 했다. 그러나 당시의 브라질 대표팀의 보조 코치였던 마리우 자갈루는 냉정하게 바르보자를 문전박대하고 돌려보냈다. "바르보자는 재수가 없다"라는 것이 그 이유였다.

2000년 4월 7일 바르보자는 가난과 고독 속에서 한 많은 일생을 마쳤다. 그는 죽음을 앞두고 속마음을 털어놓았다. "브라질에서는 살인을 해도 30년 징역을 살면 풀려난다. 50년이 지난 지금도 나는 교도소에 갇힌 것처럼 사람들에게 비난받고 있다." 바르보자의 초라한 장례식에는 50여 명밖에 참석하지 않았다.

브라질의 골키퍼였던 바르보자는 1950 브라질월드컵의 실질적인 결승에서 우루과이의 슛 2개를 막지 못해 평생 죄인처럼 지내야 했다.

한때 브라질 최고의 골키퍼라는 칭찬을 들었던 그의 장례식에 전 브라질 대표팀의 동료나 브라질 축구협회 관계자는 단 한 사람도 모습을 나타내지 않았다. 다음날 신문은 "바르보자의 두 번째 죽음"이라고 보도했다. 물론 첫 번째 죽음은 팬들의 비난과 냉대가 가져온 정신적 죽음이었다.

스포츠는 어디까지나 스포츠다

페널티킥을 실축한 카메룬의 워메나 브라질의 골키퍼 바르보자도 나름대로 최선을 다했다. 페널티킥 실축도 일어날 수 있고 상대 팀의 슛을 골키퍼가 못 막을 수도 있다. 그러한 똑같은 실패라도 별로 중요하지 않은 경기에서 일어났을 때는 큰 문제가 되지 않는다. 하지만 중요한 경기의 결정적 고비에서의 실수는 앞뒤를 가리지 않고 분노하며 비난하는 팬들이 많기 마련이다. 이런 비난이 오래 이어지면 비난받는 선수의 인생은 망가지기 쉽다.

스포츠는 어디까지나 스포츠다. 페널티킥은 이탈리아가 자랑하던 로베르토 바조, 프랑코 바레시 등도 실축한다. 1994 미국월드컵에서 브라질과 연장전 끝에 치러진 승부차기에서 이탈리아가 2:3으로 지고 우승을 놓친 것은 바조와 바레시가 실축했기 때문이다. 그러나 이탈리아 팬들은 그들에게 비난을 심하게 퍼붓지는 않았다. 비실거리는 이탈리아를 결승전까지 진출시키고 연장전까지 버틴 공수의 두 핵심인 바조와 바레시가 정말 죽을 힘으로 최선을 다했다는 것을 너무나 잘 알았기 때문이다.

바르보자의 경우도 그에게만 책임을 추궁하는 것은 가혹하다. 그때 브라질이 지나치게 공격에만 치중하지 말고 선제점을 올린 뒤

차분히 수비를 굳히고 기회를 노렸더라면 우루과이의 역전 기습을 막아 낼 수 있었을지 모른다. 브라질이 우루과이에게 당한 1:2 역전패를 바르보자 한 사람의 책임으로 돌릴 수 있을까…….

수도원에 피신한 이탈리아 감독

1966 잉글랜드월드컵 1차 리그 4조에 속한 북한은 개막전 내기꾼들이 우승 가능성을 500:1로 보았을 정도의 보잘것없는 팀이었다. 북한은 1차전에서 소련에게 0:3으로 지고, 2차전에서 칠레와는 1:1로 비겨 1무 1패를 기록해 1차 리그 마지막 경기를 이탈리아와 치르게 됐다.

한편 이탈리아는 칠레를 2:0으로 꺾고 소련에게 0:1로 져서 1승 1패를 기록하고 있었다. 경기를 앞두고 이탈리아의 에드몬도 파브리 감독은 보좌역인 페루초 발카레지에게 북한-칠레전을 살펴보고 북한의 전력을 평가하라고 지시했다. 경기를 관람하고 돌아온 발카레지는 "북한 축구는 코미디"라고 보고해 파브리 감독을 안심시켰다. 그러나 막상 북한-이탈리아전이 열리자 파브리 감독은 북한의 공격진이 너무나 빠르고 정확하게 움직여 이탈리아 수비진이 못 따른다는 사실을 깨닫게 된다. 전반 34분 이탈리아의 수비수 불가레리가 다리를 다쳐 퇴상하자 이탈리아는 10명만으로 뛰어야 했다. 이 대회까지 월드컵에서는 선수 교체가 인정되지 않았기 때문이다. 전반 41분 박두익이 올린 골을 북한은 끝까지 지켜 1:0의 승리를 거두고 8강전에 올랐고 이탈리아는 탈락하고 말았다.

북한의 이탈리아 격침은 온 세계를 놀라게 했으며 이탈리아 온 나라 안은 비통함으로 가득찼다. 이탈리아 팀이 귀국할 때 파브리 감독에게는 경호 경관이 따로 붙을 정도로 이탈리아 국민의 감정은 살 벌했다. 화가 난 팬들을 피하기 위해 이탈리아 팀은 일부러 한밤중에 제노바 공항에 도착했으나 어떻게 알았는지 수백 명의 팬들이 기다리고 있다가 썩은 과일, 야채, 달걀 등을 던지며 욕설을 퍼부었다. 특히 감독을 향한 강한 책임 추궁으로 인해 파브리는 한때 베네딕트 수도원에 피신했을 정도다. 그 뒤 이탈리아에서는 반갑지 않은 뜻밖의 일이 일어나면 "꼬레아"라고 소리지르게 됐다.

패스 미스 단 한 차례로 역적이 되다

1994 미국월드컵 유럽 예선 막판 경기에서 프랑스는 불가리아에게 1:2로 지는 바람에 미국행의 꿈이 깨지고 말았다. 1:1 상황에서 프랑스의 다비드 지놀라가 패스 미스를 하자 불가리아가 재빨리 공을 가로채고 속공으로 결승 골을 올려 프랑스를 이겼다.

유럽에서도 손꼽히던 개인기의 소유자인 지놀라는 이 단 한 번의 실수로 프랑스 대표팀의 유니폼을 벗어야 했다. 당시 프랑스 대표팀 감독이었던 제라르 울리에는 TV에 출연해서 "지놀라는 팀의 살인자다. 그는 프랑스 축구에 치명적인 타격을 주었다"라고 지놀라를 비난했다.

"미국월드컵에 프랑스의 진출이 무너지는 순간 나는 역적이 됐다. 팀의 결과에 대해 최종적인 책임을 져야 할 울리에 감독마저 나를 비난했다"라고 지놀라는 회상했다. "나는 마치 단두대에서 머리를 잘리는 듯한 충격을 받았다. 내 주변에 있는 사람들은 모두 울었다. 나의 아내, 어머니, 아버지, 친구들……. 울리에 감독의 비난은 특히 할아버지에게 큰 타격을 준 것 같다. 할아버지는 우리 가족이

1994 미국월드컵 유럽 예선 마지막 경기에서 단 한 차례의 패스 미스로 역적이 된 프랑스의 다비드 지놀라. 1998년 토트넘에서 활동할 당시 모습이다. (사진 연합뉴스)

너무나 풀이 죽어 버린 모습에 충격받고 얼마 뒤 세상을 떠나고 말았다."

지놀라의 패스 미스 한 차례는 본인뿐만 아니라 그의 가족 모두를 불행하게 만들어 버렸다. 스포츠에서는 언제나 누구나 공을 놓칠 수 있는데도 말이다.

자책골 때문에 살해당하다

1994 미국월드컵에서 콜롬비아는 우승 후보 가운데 하나로 꼽혔다. 그러나 콜롬비아는 어이없게도 1차 리그에서 탈락하고 만다. 첫 경기에서 루마니아에게 1:3으로 진 뒤 콜롬비아는 2차전에서 미국과 대결했다. 전반 35분 미국의 슛을 콜롬비아의 수비수 안드레스 에스코바르가 슬라이딩하며 걷어차려 했다. 그러나 공은 에스코바르의 발에 맞고도 들어가고 말았다. 자책골이었다. 결국 콜롬비아는 미국에게 1:2로 졌고, 스위스에게는 2:0으로 이겼으나 1차 리그 1조에서 1승 2패로 3위가 되어 탈락했다.

콜롬비아 팀이 귀국한 다음 날인 7월 2일 메데인의 거리에서 에스코바르는 남자 3명, 여자 1명의 4인조에게 습격을 받아 사살당했다. 에스코바르는 12발의 총탄을 맞고 숨졌다. 범인은 시체를 향해 "자책골의 대가야"라고 내뱉었다. 마약 조직이 판을 치는 콜롬비아에서는 축구 경기에 내기를 거는 데도 마약 조직이 관여하고 있다고 한다. 콜롬비아 팀이 좋은 성적을 올릴 것이라고 내기를 걸었던 마약 조직에 의해 아마도 에스코바르가 살해됐으리라는 이야기가 나돌았다.

에스코바르의 살해 소식에 온 세계는 큰 충격을 받았고 콜롬비

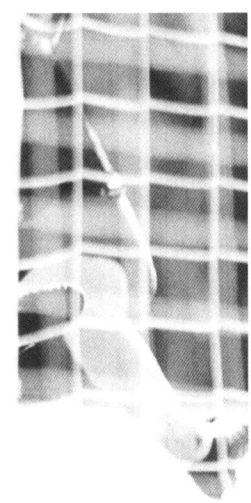

콜롬비아의 수비수 에스코바르는 자책골 때문에 목숨을 잃었다. (사진 연합뉴스)

아의 이미지는 더욱 나빠졌다. 콜롬비아는 마약 조직이 국가 대표팀의 선수 기용에까지 간섭하는 모양이다. 에스코바르의 자책골이 나온 미국과의 경기를 앞두고 콜롬비아의 프란시스코 마투라나 감독은 한 통의 전화를 받았다. "고메스를 빼고 가빌리아를 미국과의 경기에 내보내라"라는 내용이었다. 마투라나 감독은 누가 전화를 걸었는지 알았고 그 지시에 따라야만 했다. 이탈리아의 이름난 축구 기자 프랑코 로시는 이 사실을 자신의 책에서 폭로하며 이렇게 덧붙였다. "에스코바르는 정상적인 축구를 하는 것이 불가능한 나라 콜롬비아에서 일반적으로 축구를 했기 때문에 희생된 선수다."

역적에서 일등 공신이 된 경우도

그러나 역적에서 일등 공신으로 큰 변신을 한 선수나 감독도 있다. 1998 프랑스월드컵 16강전 잉글랜드와 아르헨티나의 경기에서 아르헨티나의 디에고 시메오네는 의도적으로 끈질기게 잉글랜드의 데이비드 베컴을 괴롭힘으로써 약을 올렸다. 시메오네의 격렬한 마크로 그라운드에 쓰러진 베컴은 오른쪽 발뒤꿈치로 시메오네를 가볍게 찼다. 이를 기다리고나 있었다는 듯 시메오네가 큰소리를 지르며 두 손을 높이 들고 쓰러지자 주심은 즉각 베컴을 퇴장시켰다.

베컴이 빠진 잉글랜드는 아르헨티나와 연장전 끝에 2:2로 비겨 승부차기에서 3:4로 지고 말았다. 베컴이 퇴장당하지 않았다면 비기지 않고 이겼을 수도 있고, 설사 승부차기까지 갔더라도 코너킥,

프리킥, PK 등 공을 세워 놓고 차는 데는 귀재인 베컴이 있었더라면 승리는 틀림없었을 것이라고 잉글랜드 팬들은 생각했다. 팬들은 베컴을 '바보'라고 비난했다. 그렇지만 그 뒤 베컴은 잉글랜드를 위해 눈부신 활약을 했다. 특히 2002 한일월드컵 1차 리그 F조에서 잉글랜드가 아르헨티나를 1:0으로 격파하자 베컴은 사실상 복권되었다.

1998 프랑스월드컵에서는 여러 어려움을 무릅쓰고 에메 자케 감독이 이끄는 프랑스가 우승을 이룩했다. 그러나 우승의 영광에 이르기까지 자케 감독은 프랑스 팬 그리고 언론으로부터 많은 비판을 받았다. 이 때문에 자케 감독은 "만약 우승을 놓칠 경우에 대비해 가족들을 프랑스로부터 탈출시킬 준비까지 해놓고 경기에 임했다"라고 뒷날 털어놓았다. 특히 일간지 〈레키프 L'Équipe〉는 자케 감독을 사사건건 비판했던 모양이다. 프랑스가 우승하자 자케 감독은 "〈레키프〉만은 절대로 용서하지 않겠다"라고 외쳤다.

2002 한일월드컵에서는 한국의 안정환과 이을용이 자칫하면 역적이 될 뻔했다. D조 미국과의 경기에서 한국은 선제골을 빼앗긴 뒤 전반 39분 금쪽같은 페널티킥을 얻어 냈다. 하지만 키커인 이을용이 실축하고 말았다. 경기가 그대로 끝났으면 이을용은 엄청난 비난을 받았을 것이다. 다행히 후반 33분 이을용의 프리킥을 안정환이 헤딩으로 밀어넣어 한국과 이을용은 패배에서 살아날 수 있었다. 16강전 이탈리아와의 경기에서는 안정환이 페널티킥을 실축하고 난 뒤 속으로 울면서 뛰었다. 선제골을 빼앗겼으나 설기현의 골로 1:1 동점을 이룬 뒤 들어간 연장전에서 안정환은 골든골을 넣어 '역적'에서 '일등 공신'으로 변신할 수 있었다.

< 잉글랜드의 베컴은 1998 프랑스월드컵 16강전에서 아르헨티나 선수를 살짝 걷어찬 것으로 퇴장당했다. 이로 인해 한동안 잉글랜드 팬들에게 비난받았다. (사진 연합뉴스)

안정환은 2002 한일월드컵 16강전 이탈리아와의 경기에서 페널티킥에 실패했지만 연장전에서 골든골을 넣어 단숨에 일등 공신이 됐다. (사진 연합뉴스)

    선수들의 실수에 대한 팬들이나 언론의 지나친 비난에 대해 스페인의 파블로 산 로만 기자는 이렇게 주장한다. "사랑하는 팀이 졌다고 해서 패전의 책임을 한 개인에게 덮어씌워 그의 가족의 생명까지 위협해도 되는 것일까? 사랑하는 팀이 졌다고 해서 다른 사람의 인생을 망가뜨려도 되는 것일까? 아니다. 축구는 스포츠이고 승자가 있으면 패자가 있다. 그것이 스포츠 경기의 원칙이다. 스포츠를 사랑하는 사람은 그 원칙을 지켜야 한다."

월드컵 징크스

스포츠에는 징크스가 따르게 마련이다. 1930년 우루과이에서 첫 대회를 연 월드컵은 나이를 더해 가면서 여러 징크스가 생겨났다. 과연 우연인지 아니면 필연인지, 징크스에는 일정한 규칙성이 있기 때문에 징크스로 뿌리를 내린다. 월드컵의 징크스 가운데 팬들의 입에 가장 많이 오르내리는 이야깃거리들을 소개해 본다.

유럽과 남미는 자기 대륙에서 열리는 대회라야 우승한다

1930년 우루과이에서 첫 대회를 연 월드컵은 2차 세계 대전 중이던 1942년과 2차 세계 대전이 끝난 다음 해인 1946년에는 세계 대회를 열지 못했다. 17차례의 대회까지 자리 잡은 징크스가 "유럽 국가는 유럽에서 그리고 남미 국가는 남미(중북미 포함)에서 열린 대회에서만 우승할 수 있다"였다. 역대 개최국과 우승국을 살펴보면 다음과 같다.

역대 월드컵 개최국과 우승국

연도	개최국	우승국
1930	우루과이	우루과이
1934	이탈리아	이탈리아
1938	프랑스	이탈리아
1950	브라질	우루과이
1954	스위스	서독
1958	스웨덴	브라질
1962	칠레	브라질
1966	잉글랜드	잉글랜드
1970	멕시코	브라질
1974	서독	서독
1978	아르헨티나	아르헨티나
1982	스페인	이탈리아
1986	멕시코	아르헨티나
1990	이탈리아	서독
1994	미국	브라질
1998	프랑스	프랑스
2002	한국 · 일본	브라질
2006	독일	이탈리아
2010	남아프리카공화국	스페인
2014	브라질	독일
2018	러시아	프랑스
2022	카타르	아르헨티나

* 2006년 이후 자료도 참조할 수 있도록 추가하였다.

2002년까지의 대회 우승 표를 보면 알 수 있듯이 개최국이 우승한 경우는 여섯 차례 그리고 대륙별로 보면 유럽 국가는 유럽에서 여덟 차례, 남미 국가는 남미(중북미 포함)에서 일곱 차례 우승했다. 단 하나의 예외가 브라질인데 1958 스웨덴월드컵에서도 우승했다. 2002 한일월드컵에서는 결승에서 남미의 브라질이 유럽의 독일을 꺾어 다섯 번째 우승을 차지했다.

개최국은 단 한 차례밖에 우승하지 못한다

2002 한일월드컵까지 월드컵은 극히 한정된 국가들만이 개최해 왔다. 대부분 유럽과 남미(중북미 포함)의 축구 강국들이다. 1970년 대회와 1986년 대회를 개최한 멕시코는 월드컵 8강에 두 차례나 들었고, 1994년 대회를 개최한 미국은 월드컵 4강에도 올랐던 축구 강국이다. 월드컵을 두 차례 개최한 나라는 이탈리아, 프랑스, 멕시코 세 나라다. 이 가운데 멕시코는 자국 월드컵에서 두 차례 모두 8강에서 진격을 멈추었고, 이탈리아와 프랑스도 자국에서는 한 차례밖에 우승하지 못했다. 1974 서독월드컵을 열었던 독일 역시 2006 독일월드컵에서 우승하지 못했다. "개최국은 한 차례밖에 우승을 못한다"라는 징크스는 여전했다.

개최국은 반드시 결승 토너먼트에 오른다

2002년까지 개최국이 결승 토너먼트에 오르지 못한 일은 없다. 1930 우루과이, 1934 이탈리아, 1966 잉글랜드, 1974 서독, 1978 아르헨티나, 1998 프랑스가 각각 개최국이 월드컵에서 우승했고 1950 브라질, 1958 스웨덴이 개최국으로서 준우승했다. 1962 칠레와 1990 이탈리아가 각각 개최국으로서 3위를 차지했다. 다음이 2002 한일월드컵에서 4위가 된 한국이다. 1938 프랑스, 1954 스위스, 1970과 1986의 멕시코가 개최국으로서 8강에 들었다. 결승 토너먼트는 아니지만 1982년 개최국인 스페인은 12강이 겨루는 2차 리그에 진출했으나 더 이상은 전진하지 못했다. 개최국으로서 16강은 1994 미국과 2002 한일월드컵의 일본이다. 물론 개최국이 모두 결승 토너먼트에 오를 수 있었던 데는 홈그라운드의 이점이 어느 정도 작용했을 것이다.

첫 경기에서 지면 우승은 어렵다

다른 대회도 그렇지만 월드컵에서는 첫 경기가 매우 중요하다. 1차 리그 첫 경기를 이기면 팀의 컨디션이 괜찮다는 자신감을 갖게 될 뿐 아니라 남은 경기에서 여유 있게 플레이할 수가 있다.

1966 잉글랜드월드컵에서 잉글랜드가 우루과이와 비기고 1982 스페인월드컵에서 이탈리아가 폴란드와 비긴 것을 빼놓고는 역대 월드컵의 우승국은 모두 첫 경기에서 승리했다. 한마디로 우승을 노리는 나라는 첫 경기에 모든 것을 걸어야 한다는 이야기가 된다. 따라서 첫 경기는 당연히 주목될 수밖에 없다.

개최국을 이기면 우승하기 힘들다

2002년까지 개최국을 이긴 나라는 연 16개국이나 된다. 그러나 그 가운데 우승은 브라질(1958 스웨덴, 1962 칠레, 1994 미국)이 세 차례 그리고 이탈리아(1938 프랑스)가 한 차례다. 개최국을 이기긴 했으나 5개국이 결승에서 지고 말아 준우승에 머물렀다. 한마디로 개최국과 마주치는 것은 반가운 일이 아니라는 것이다. 하지만 막강 브라질 정도면

2002 한일월드컵 개막전에서 지난 대회 우승국인 프랑스는 세네갈에게 0:1로 지는 등 파란 끝에 1차 리그에서 탈락해 징크스가 여전함을 증명했다. (사진 연합뉴스)

대부분의 징크스도 통하지 않는다.

지난 대회 우승국은 첫 경기에서 고전한다

지난 대회 챔피언이 개막전을 치르기 시작한 것은 제10회인 1974 서독월드컵 때부터다. 따라서 이 징크스는 그때부터 비롯되어 재미있는 징크스로 월드컵이 열릴 때마다 세계 축구 팬들의 입에 오르내린다.

그 이전에도 징크스는 있었다. 제3회인 1938 프랑스월드컵에서 2연패를 이룩한 이탈리아가 다음 월드컵(1956 브라질)의 첫 경기에서 스웨덴에게 2:3으로 졌다. 개막전에 지난 우승국이 등장하기 시작

드라마보다 더 흥미진진한 월드컵   59

한 1974 서독월드컵에서는 지난 우승국인 브라질이 유고슬라비아와 득점 없이 비겼다. 1978 아르헨티나월드컵 개막전에서는 지난 대회 우승국인 서독이 폴란드와 역시 득점 없이 비겼다. 1982 스페인월드컵에서는 지난 대회 우승국인 아르헨티나가 벨기에에게 0:1로 패배하는 수모를 겪었다. 1986 멕시코월드컵에서는 디펜딩 챔피언(지난 대회 챔피언) 이탈리아가 불가리아와 1:1로 비겼다. 1990 이탈리아에서는 지난 대회 우승국인 아르헨티나가 카메룬에게 0:1로 져서 큰 파문을 일으켰다. 2002 한일월드컵에서는 지난 대회 챔피언인 프랑스가 세네갈에게 0:1로 패배한 뒤 1차 리그도 통과하지 못하고 탈락해 큰 화제가 됐다.

개막전에 지난 대회 우승국이 등장하도록 정해진 1974년 이래 2002년까지 8개 우승국 가운데 개막전에서 이긴 나라는 1994 미국월드컵에서 볼리비아를 1:0으로 꺾은 독일과 1998 프랑스월드컵에서 스코틀랜드를 2:1로 꺾은 브라질뿐이다. 그리고 보면 지난 대회 우승국에게도 월드컵의 첫 경기 그것도 개막전은 정신적으로 큰 부담이 되는 모양이다.

브라질은 잉글랜드와 대결하는 대회에서 우승한다

월드컵 제패 다섯 차례로 최다 우승국인 브라질은 이상하게도 그 가운데 네 차례는 잉글랜드와 대결한 대회에서 우승했다. 브라질이 잉글랜드와 치른 네 차례의 전적은 3승 1무로 무패다. 1958 스웨덴월드컵의 조 리그 4조에서 마주친 잉글랜드와는 0:0 무승부를 이루었으나 2승 1무로 조 리그를 통과한 브라질은 첫 우승을 차지했다. 1962 칠레월드컵 8강전에서 잉글랜드를 3:1로 누른 브라질은 이 대

브라질은 잉글랜드와 대결하는 대회에서 우승하곤 했다. 2002 한일월드컵 8강전 브라질 - 잉글랜드 경기에서 브라질의 히바우두와 잉글랜드의 캠블이 공중 볼 다툼을 벌이고 있다. (사진 연합뉴스)

회에서도 우승 2연패를 달성했다. 1970 멕시코월드컵 조 리그에서 잉글랜드를 1:0으로 꺾은 브라질은 파죽지세로 월드컵에서 세 번째 우승의 영광을 안았다.

   1994 미국월드컵에서도 브라질은 우승했으나 이 대회에서는 잉글랜드와 마주치지 않았다. 2002 한일월드컵에서는 8강전에서 브라질은 잉글랜드와 마주쳤다. 월드컵에서는 32년 만의 대결이 된 이 8강전에서 브라질은 선제골을 잉글랜드에게 빼앗겼으나 2:1 역전승을 거두고 진격을 계속해 다섯 번째 우승컵을 안았다.

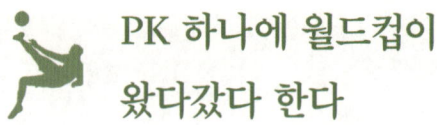
PK 하나에 월드컵이 왔다갔다 한다

축구에는 승부차기, 이른바 PK전이라는 것이 있다. 연장전으로도 승패가 가려지지 않을 경우 더 이상의 체력 소모를 막고 대회 일정에 차질을 가져오지 않기 위해 고안된 승패 가려내기 방식이다. 월드컵에서도 1차 리그에서는 PK전이 적용되지 않는다. 리그전에서는 무승부는 무승부대로 승점 1점씩을 주어 종합 승점으로 순위를 결정한다.

사상 최초의 승부차기는 1891년
PK전은 페널티킥에서 왔다. 축구에 페널티킥이 처음으로 등장한 것은 1891년의 일이다. 그해 1월 21일 런던에서 열린 축구협회 평의회 모임에서 아일랜드 대표가 제안한 페널티킥을 승인하고 이 제안을 국제평의회에 추천했다. 지금도 그렇지만 영국 안 네 곳의 축구협회는 축구 세계에선 각각 독립국이나 다름없어 월드컵을 비롯한 국제 경기 대회에도 각각의 대표팀을 내보낸다. 따라서 여기 나오는 국제평의회란 잉글랜드, 스코틀랜드, 웨일스, 북아일랜드의 대표로 구성돼 있다. 이들 협회가 단일 팀인 영국 팀을 구성하는 것은 올림픽에 내보내는 아마추어 팀뿐이다.

1891년 6월 2일 글래스고에서 회의를 가진 국제평의회는 "선수가 의도적으로 상대 선수에게 발을 걸거나 잡거나 자기 진영에서 골라인으로부터 11미터 이내의 에어리어에서 공에 고의로 핸들링했을 경우 페널티킥을 준다. 페널티킥에서 골을 성공하면 득점으로 인정된다"라는 아일랜드의 제안을 통과시켜 페널티킥이 태어났다.

1891년 8월 29일 아일랜드의 벨파스트에서 캐나디언즈의 달턴은 링필드와의 경기에서 페널티킥을 성공시켜 사상 최초로 페널티킥으로 득점한 선수로 기록되었다. 그 뒤 여러 차례의 변천을 겪어 오늘날의 페널티킥으로 진화했다. 이 페널티킥을 이용해 승패를 가리는 방식이 채택된 것은 그리 오래된 일이 아니다.

1982년부터 월드컵에서 PK전 채택

PK전이 월드컵에서 채택된 것은 1982 스페인월드컵부터다. PK전이 축구에 도입된 것은 크게 두 가지 이유에서다. 하나는 연장전으로도 승패가 가려지지 않을 경우 선수들의 체력이 더 이상 소모되지 않게 재연장전을 치르지 말자는 것이다. 또 하나는 재연장전으로 들어갈 경우 경기 시간이 늘어남에 따른 대회 운영의 차실을 막자는 것이다. 더구나 TV 중계와 광고 방영 등 오늘날 월드컵은 시간적으로 매우 치밀한 대회 운영이 요구된다.

월드컵에서 무승부 경기를 살펴보자. 1934년 5월 31일 이탈리아월드컵 8강전에서 이탈리아는 스페인과 연장전까지 가는 120분 동안의 격전을 치렀으나 1:1로 비겼다. 그 대회의 규정에 따라 다음날

1934년 자국에서 열린 월드컵에서 우승한 이탈리아 팀. 이탈리아는 이 대회 8강전에서 스페인과 이틀에 걸쳐 210분 동안이나 싸워 힘들게 1:0으로 승리를 거두고 4강에 올랐다.

재경기를 가져야만 했다. 6월 1일의 재경기에서 이탈리아는 메아차가 결승 골을 넣어 스페인을 1:0으로 꺾고 4강전에 올랐으나 결국 이 대회의 이탈리아-스페인전은 이틀 동안에 걸쳐 모두 210분이나 걸렸다.

1938 프랑스월드컵 8강전에서도 브라질과 체코는 연장전까지 포함 120분을 싸웠으나 1:1로 비겼다. 결국 다음날 90분 동안의 정규 재경기를 갖고 브라질이 2:1로 이겨 4강 진출을 이룩했다. 이 브라질-체코전도 이틀 동안에 걸쳐 210분이나 걸려 승패가 가려진 경우다. 이렇게 한 경기가 승패를 가리는 데 오랜 시간이 걸린다면 오늘날 기

준으로는 대회 운영에 차질이 생길 수밖에 없다. 또 흥행에 크게 도움이 되는 강호가 210분 동안이나 사투를 치른 끝에 진이 빠져 버리면 다음 경기에서 약한 팀에게 뜻밖의 패배를 당할 수도 있다. 팬들을 위해서도 강팀은 될 수 있는 대로 마지막까지 남아 주어야 팬들도 재미가 있고, 개최국이나 FIFA도 더 많은 관심을 받을 수 있다.

동전 던지기나 제비뽑기로 승패를 가린 적도

〈FIFA뉴스〉(1969년 8월판)에는 이스라엘 축구협회 집행위원인 마이클 알몬의 다음과 같은 제안이 실렸다.

> "지금까지는 축구 공식 토너먼트에서 연장전 끝에도 동점일 경우 동전 던지기나 제비뽑기로 승자를 가려내 왔고 결승전에서도 이 방식이 준용돼 왔다. 승자를 제비뽑기로 정한다는 것은 스포츠로서는 알맞지 않다고 생각한다. 따라서 FIFA는 제비뽑기 방식을 폐지하고 양쪽 팀에서 나온 5명이 페널티킥을 차게 해서 승패를 결정짓도록 하는 것이 차라리 제비뽑기보다는 낫다. 5명의 페널티킥으로 판가름이 나지 않으면 최종 결판이 날 때까지 1명씩 더 페널티킥을 차도록 하면 된다."

이미 그전부터 유럽에서는 이와 비슷한 제안이 여러 차례 나왔었다. 그러나 FIFA가 연맹 소식지에 알몬의 제안을 실은 것은 FIFA의 실력자들 사이에서도 이 문제를 진지하게 검토해 봐야 한다는 분위기가 있었다는 것이다.

1970년 6월 27일 FIFA 국제위원회는 스코틀랜드의 인버네스에서 회의를 열고 PK전(승부차기)의 제안을 가결했다. 단 한쪽 팀이 계속 5개의 페널티킥을 차는 것이 아니라 오늘날처럼 양쪽 팀이 번갈아 한 번씩 차는 방식으로 개정하고 통과됐다.

골든골에 얽힌 시비도 분분

연장전에서의 시간 단축을 위해 고안된 것이 바로 골든골이다. 골든골의 규칙은 연장전에서 먼저 득점한 팀이 이기도록 되어 있다. 즉 서든 데스sudden death 방식이다. 연장전에서 골든골이 나오지 않을 경우 PK전으로 들어가게 된다.

골든골이 처음으로 등장한 것은 1993 월드유스컵이고 1996 애틀란타올림픽에서도 채용됐다. 이 방식은 '성공에 의한 승리'를 도입하자는 시도에서 나온 것이었다. PK전에서는 빠져 있다고 여겨지는 '득점을 올린다'는 측면을 도입한 것이고 연장전에 드라마를 끼워 넣자는 의도에서 나온 것이기도 했다. 그러나 유로96 같은 세계 규모의 프로 대회에서 처음으로 실시해 보았더니 상당히 많은 반대 의견이 나왔다. FIFA의 〈유로96 보고서〉는 "스포츠맨십에 어긋나고 기대에 벗어난다"라며 골든골 규정을 혹평했다. 각국의 대표 코치(감독) 가운데도 골든골을 좋아하는 사람과 폐지를 주장하는 사람이 갈린다.

1978 아르헨티나, 1982 스페인, 1986 멕시코의 세 월드컵에 프랑스 대표 선수로 출전해 눈부신 활약으로 '장군'이라 불렸고 1983년부터 3년 연속 유럽 최우수 선수로 뽑힌 미셸 플라티니는 골든골을 지지한다. "축구의 철학은 득점을 올리는 데 있다. 골든골은 계속되어야 한다"라고 플라티니는 말한다.

1966 잉글랜드, 1970 멕시코, 1974 서독의 세 월드컵에 서독 대

세 차례나 월드컵에 출전했던 프랑스의 '장군' 플라티니는 골든골을 지지한 인물이다. (사진 연합뉴스)

세 차례나 월드컵에 나갔고 1974 서독월드컵에서 서독 우승에 크게 이바지한 '카이저' 베켄바우어도 골든골을 긍정적으로 받아들였다. 반면 1974 서독월드컵에서 토탈 사커의 핵심으로 네덜란드를 준우승시킨 크라위프는 골든골에 비판적이었다. 1974 서독월드컵 결승전에서 맞붙은 베켄바우어와 크라위프. (사진 연합뉴스)

표팀의 리베로로 활약해 '카이저'(황제)라는 별명을 얻은 프란츠 베켄바우어도 골든골을 지지한다. 1974년 모국에서의 월드컵을 우승으로 이끌었던 베켄바우어는 "골든골 같은 새로운 방식을 익히게 되기까지는 시간이 걸린다. 그러나 이 방식은 계속되어야 한다"라고 주장했다.

골든골의 반대파 가운데 거물은 네덜란드의 요한 크라위프다. 1974 서독월드컵에서 전원 공격 전원 수비의 토탈 사커로 네덜란드를 준우승으로 이끌었고 1971, 1973, 1974 유럽 최우수 선수에 빛났던 크라위프는 "나는 골든골을 싫어한다. 축구에서는 시간이 중요한 요소다. 연장 5분의 시점에서 득점이 나왔다 해서 경기를 끝내서는 안 된다"라고 강조했다.

그러나 FIFA는 골든골을 존속시키고 있다. 한국은 2002 한일월드컵 16강전 이탈리아와의 경기에서 1:1로 들어간 연장전에서 안정환의 골든골로 8강전에 진입할 수 있었다.

월드컵 최초의 PK전 승자는 서독

PK전이 월드컵에서 처음으로 채용된 것은 1982 스페인월드컵이었다. 월드컵의 경기 운영 방식이 대회 때마다 똑같은 것은 아니다. 스페인월드컵에서는 출전 24개국이 1차 리그를 거쳐 12개국으로 걸러지고 이들이 4개 조로 나뉘어 2차 리그를 치러 각 조 수위 팀이 4강전에 진출하도록 되어 있었다. 따라서 연장전 그리고 PK전이 치러질 가능성은 4강전 두 경기, 3·4위 결정전, 결승전까지 총 네 경기밖에 되지 않았다.

그러나 4강전 서독과 프랑스와의 대결에서 월드컵 최초의 PK전이 나왔다. 전반 18분 프랑스 골키퍼 에트리의 실수로 서독이 선제골을 올리고, 9분 뒤 프랑스의 플라티니가 PK를 성공시켜 1:1 동점을 이룬 뒤 양쪽 모두 득점을 올리지 못한 채 190분 경기는 끝났다. 연장전에 들어가자 놀랍게도 프랑스는 잇달아 두 골을 올려 3:1로 앞섰다. 아직 골든골이 적용되지 않았던 때라 연장전은 전반 15분, 후반 15분 모두 30분을 채워야 했다.

보통 연장전에서 2골을 리드당하면 경기는 끝난 것이나 다름없다. 그러나 서독은 어떤 경우에도 승리를 체념하지 않는 끈질긴 팀이었다. 연장 후반에 서독은 2점을 따라붙는 데 성공했다. 결국 3:3으로 비긴 뒤 들어간 PK전에서 서독은 5:4로 이겨 결승에 올랐고 사상 최강이라는 평을 듣던 프랑스는 플라티니 등 선수들이 눈물을 흘리며 그라운드를 떠났다. 결국 PK전에서 이기긴 했으나 서독의 세 번째 키커인 주장 울리히 슈틸리케는 실축을 한 뒤 그라운드에 주저앉아 울음을 터뜨렸다. 실축한 서독의 슈틸리케 그리고 지고 난 뒤 눈물을 흘린 프랑스의 플라티니 등의 모습은 PK전의 가혹함을 온 세계에 알렸다.

PK전 비판이 높아진 1990 이탈리아월드컵

PK전에 대한 비판이 단숨에 높아진 것은 1990 이탈리아월드컵부터였다. 아예 처음부터 PK전을 노리고 수비를 굳힌 뒤 PK전을 이용해 이겨 나간 팀들이 있었기 때문이다.

아일랜드와 아르헨티나가 바로 그런 팀들이었다. 아일랜드는 1990 이탈리아월드컵이 첫 월드컵 본선 진출이었다. 1차 리그 F조는 모두 여섯 경기 가운데 잉글랜드가 이집트를 1:0으로 물리친 한 경기만 빼고 나머지 다섯 경기가 모두 비기는 경기였다. 이 F조의 아일랜드는 잉글랜드와 네덜란드에게는 도저히 실력으로 이길 수 없다고 여겨 수비 위주로 버텼다.

아일랜드의 수비 축구는 전술적인 수비가 아니라 그저 공을 상대방 진영으로 차내는 것만으로 90분을 보내는 것이었다. 그러나 공교롭게도 아일랜드는 강적 잉글랜드 그리고 네덜란드와 대결했을 때 상대 팀의 실수를 틈타 한 골씩을 따내 각각 1:1로 비기고 이집트와는 득점 없이 0:0으로 비겨 3전 3무승부를 기록했다. 네덜란드도 3전 3무승부, 득점도 2골, 실점도 2골로 아일랜드와 같기 때문에 두 팀은 제비뽑기로 결정하였다. 아일랜드가 추첨운으로 조 2위 결승 토너먼트에 오르게 되었다.

16강이 겨루는 결승 토너먼트 1회전 아일랜드는 루마니아와의 경기에서도 수비를 굳혀 연장전까지 포함 120분 동안의 대결을 서로 득점 없이 0:0으로 비겼다. 루마니아와의 PK전을 5:4로 이긴 아일랜드는 8강전에 진출해 이탈리아와의 경기에서도 역시 수비 위주의 축구로 버텼으나, 이탈리아의 살바토레 스킬라치에게 결승 골을 빼앗겨 네 차례 무승부에 의한 진격을 멈추게 되었다. 4전 4무승부, 득점 2, 실점 2로 월드컵의 8강까지 오른 아일랜드를 세계의 축구 팬들이 달갑지 않게 본 것은 당연하다.

만약 이 대회 8강전에서 아일랜드가 이탈리아와도 비겨 PK전을 이기고 4강전에 올랐으면 세계는 아일랜드에 맹비난을 퍼부었을 것이다. 그러나 4년 뒤 미국월드컵에서 아일랜드는 1차 리그 E조에서 이탈리아를 1:0으로 꺾어 이 조를 대혼란에 빠뜨린 뒤 16강전에 올랐다. 16강에서는 네덜란드에게 0:2로 졌다.

강호 아르헨티나까지 PK전을 노리다니

월드컵 첫 출전인 이일랜드가 1990 이탈리아월드컵에서 수비를 굳히고 무승부를 노린 것은 그런대로 이해할 만하다. 그러나 지난 대회 우승국인 강호 아르헨티나까지 무승부와 PK전을 노리고 이겨 올라간다면 이야기는 달라진다.

16강전을 돌파한 아르헨티나는 수비를 굳히고 PK전에 강한 골키퍼 세르히오 고이코체아를 활용해 8강전, 4강전을 이겨 냈다. 8강에서 유고슬라비아와 0:0으로 비긴 아르헨티나는 PK전에서 3:2로 이기고 4강전에 올랐다. 4강전에서 강적 이탈리아와 마주친 아르헨티나는 1:1 무승부로 끌어들여 또다시 PK전에서 4:3으로 이겨 결승에 진출했다. 그러나 그렇지 않아도 부상자가 많은 데다 경고 누적과 퇴장 등으로 선수 4명이 출전 정지 처분을 받은 아르헨티나는 착실히 이기고 결승에 오른 서독과 정면 대결을 할 수 없는 상황이었다. 결국 또다시 수비 위주의 축구를 펼칠 수밖에 없었다.

하지만 서독에도 문제가 있었다. 서독 공격진이 아르헨티나 수비진을 교란시키지 못한 채 시간은 흘러갔다. 이 결승전이 PK전까지 가지 않은 것은 주심인 멕시코의 멘데스가 오심으로 서독에게 페널티킥을 주었기 때문이다. 서독은 이 페널티킥으로 얻은 결승점으로 아르헨티나를 1:0으로 누르고 우승을 차지했다. 만약 이 결승전도 PK전이 되어 아르헨티나가 이겼더라면 월드컵과 아르헨티나에 대한 세계 축구 팬의 비난은 대단했을 것이다. 일본의 축구 기자 고토 타케오는 자신의 책 《월드컵의 세기》에 "그러고 보면 오심을 내린 멘데스 주심은 FIFA와 아르헨티나의 명예를 위해 크게 이바지한 셈"이라고 썼다.

2002 한일월드컵 4강전에서 한국과 독일의 대결을 앞두고 일본의 한 축구 전문가는 "한국이 독일을 이기는 방법은 PK전으로 끌어들이는 일밖에 없다"라고 말한 적 있다. 어쩌면 그 말이 맞을지도 모른다. 16강전에서 이탈리아와 연장전을 치르고 8강전에서도 스페인과 연장전 끝에 PK전으로 이기고 올라온 한국은 두 차례의 연장전으로 체력이 엄청나게 소모된 상태였으니 체력 소모를 가능한 줄이는 형태의 수비 축구로 무승부를 만들고 PK전에서 운을 테스트

2002 한일월드컵 16강전 이탈리아와의 연장전에서 안정환은 골든골을 성공시킨 최초의 한국 선수가 됐다. (사진 연합뉴스)

해 볼 수도 있었겠지만 다 지나간 이야기다.

첫 PK전 승리로 월드컵 4강에 진입한 한국

2002 한일월드컵 8강전에서 한국은 강적 스페인과 연장전까지 치렀으나 0:0으로 PK전에 들어가 5:3으로 이겨 4강에 올라 세계를 크게 놀라게 했다. 결국 한국과 스페인 두 팀의 골키퍼가 결전을 벌인 셈이었다. 스페인의 골키퍼 이케르 카시야스는 한국의 PK 다섯 차례를 모두 막지 못한 반면 한국의 골키퍼 이운재는 스페인의 네 번째 키커인 호아킨 산체스의 킥을 막아 내 한국의 4강 진입이 실현됐다.

페널티킥이나 PK전에서 골키퍼는 키커의 차는 방향을 예측해야 할 뿐 아니라 키커의 마음을 뒤흔들어 실축을 이끌어 내기도 해야 한다. 이운재도 세 번째 키커까지는 막지 못했다. "육감에 의존해서 좌우로 움직이는 것을 그만두자. 움직이지 말고 공을 기다리자." 호아킨과의 대결에서는 몸을 좌우로 흔들어 심리적으로 견제했을 뿐 공을 기다렸다. 나이가 자신보다 아홉 살이나 아래인 20세의 호아킨이 망설이듯 엉거주춤하게 찬 공을 이운재는 왼쪽으로 몸을 날려 막아 냈다.

다섯 차례 모두 막아 내지 못한 카시야스는 "이번 대회가 마지막 월드컵인 선수들도 있었다. 우리는 운이 없었다. 다른 선수들과 마찬가지로 나도 슬프다. 우리가 더 좋은 플레이를 했는데도 우리가 지다니……"라고 고개를 떨구었다. 카시야스는 첫 번째 키커인 황선홍의 킥에 잘 반응해서 공을 건드리기는 했으나 워낙 킥이 강해서 골대 안으로 들어가고 말았다.

만약 카시야스가 황선홍의 첫 킥을 막아 냈더라면 두 팀 선수

2002 한일월드컵 8강전, 스페인과의 PK전에서 한국의 골키퍼 이운재는 스페인의 네 번째 키커 호아킨의 킥을 막아 내 승리의 길을 열었다. (사진 연합뉴스)

들의 사기에 미치는 영향은 정반대였을 것이다. 그렇게 되면 PK의 흐름은 달라졌을지도 모른다. 카시야스 역시 "내가 첫 번째 한국 키커의 슛을 막아 냈더라면 PK전의 결과는 달라졌을지도 모른다"라며 아쉬워하면서도 "경험이 적은 한국 선수들이 그렇게 침착하게 PK전을 성공시키다니 놀라울 따름이다"라고 스포츠맨답게 한국 선수들을 칭찬했다.

김병지의 충고를 받아들인 홍명보

한국의 히딩크 감독은 스페인과의 PK전에서 첫 번째 키커로 황선홍, 다섯 번째 키커로 홍명보, 두 베테랑을 지명했다. 경험 많은 노장들에게 중책을 맡긴 것이다. 한국은 황선홍에 이어 박지성, 설기현, 안정환이 성공했고 한국의 골키퍼 이운재는 스페인의 키커 3명은 막아 내지 못했으나 네 번째 키커인 호아킨을 막아 내는 데 성공했다.

이로써 한국이 4:3으로 리드한 가운데 한국의 다섯 번째 키커 홍명보가 나섰다. 만약 홍명보가 성공하면 한국이 5:3으로 이기지만 홍명보가 실축한 뒤 스페인의 다섯 번째 키커가 성공하면 4:4가 되어 서든 데스 방식으로 어느 쪽이든 먼저 한 점을 리드하면 그 팀의 승리로 끝나게 된다.

홍명보는 그때를 이렇게 돌이킨다.

"나는 공을 페널티 마크에 천천히 세트했다. 그러나 마음속에서는 떨고 있었다. 한국의 모든 국민이 나의 PK를 뚫어져라 지켜보고 있다. 만약 여기서 내가 실수하면 나뿐만 아니라 내 가족들도 한평생 고개를 들고 살 수 없게 된다. 그렇게 생각하니 누군가가 나의 목을 움켜쥐고 있는 것처럼 숨이 답답했다. 그런 긴장을 풀기 위해 도움닫기 하기 전에 심호흡을 했다. 그때 머릿속에 떠오른 것이 벤치를 지키던 골키퍼 김병지의 도움말이었다. 김병지는 '강한 슛보다 코스를 노려 찬 공이 골키퍼가 막아 내기 어렵습니다. 명보 형은 오른발잡이니까 오른발의 인사이드킥으로 오른쪽 구석을 향해 정확히 차는 것이 좋습니다'라고 말해 주었다. 사실은 우리 한국 팀은 경기 전날 PK 훈련을 했다. 그때 훈련 파트너를 맡아준 김병지가 골키퍼의 입장에서 PK전의 공략법을 가르쳐 준 것이다. 나는 김병지의 말대로 찼다. 공은 스페인 골키퍼 카시야스의 손에 닿지 않고 골에 빨려 들어갔다."

그러고 보면 줄곧 벤치에 앉아만 있었던 골키퍼 김병지가 한국의 4강 진입에 이바지했다고 보아도 될 것 같다. 마지막 킥을 성공시켜 한국의 4강 진입이 확정되는 순간 홍명보는 기쁨에 넘친 나머지 달리면서 오른팔을 여러 차례 돌리며 활짝 웃었다. 그의 아내가 평생 처음 본다는 함박웃음이었다.

PK전에 강한 나라와 약한 나라

이것도 징크스 가운데 하나일까? 월드컵에서 분명히 PK전에 강한 나라가 있고 약한 나라가 있다.

2002년까지 월드컵에서 독일(서독 포함)과 아르헨티나는 각각 세 차례를 모두 이겨 PK전에 강한 나라 가운데 으뜸으로 꼽힌다. 같은 PK전 3승이라도 PK의 성공률은 14번 차서 13번 성공한 독일이 92.9%로 1위, 아르헨티나는 14번 차서 11번 성공으로 78.6%라 굳이

랭킹을 따진다면 독일이 PK전의 챔피언이라 할 수 있다.

다음이 브라질과 프랑스로 세 차례 가운데 두 차례는 이기고 한 차례는 졌다. PK전에서 가장 약한 나라는 뜻밖에도 월드컵 우승을 세 차례나 차지한 이탈리아다. 이탈리아는 홈그라운드인 1990 이탈리아월드컵 4강전에서 아르헨티나에게 PK전을 3:4로 졌고, 1994 미국월드컵에서는 결승전에서 브라질에게 PK전을 2:3으로 패배해 우승을 놓쳤으며 1998 프랑스월드컵에서는 8강전에서 프랑스에게 PK전을 3:4로 놓쳐 탈락하고 말았다.

PK전에서는 기술보다 정신력이 중요하다

PK전은 90분 동안의 정규 경기에 30분 동안의 연장전, 그러니까 120분 동안의 격전을 치르고 난 뒤 행해진다. 따라서 선수들은 육체적으로나 정신적으로 극도의 피로 상태에 있다. 이런 상황에서는 테크닉이 뛰어나냐 아니냐가 문제가 아니라 승리에 대한 집착이 얼마나 강하냐가 중요하다는 주장도 있다. 승리에 대한 집착이 남달리 강한 독일이 PK전에서도 막강함을 자랑하는 것은 결코 우연이 아니다.

한편 2002 한일월드컵 16강전에서 선제골을 올렸던 이탈리아는 경기 종료를 앞두고 설기현의 동점 골로 한국이 1:1로 따라붙고 연장전에 들어가자 매우 당황했을 것이다. 공교롭게도 지난 세 차례의 월드컵에서 잇달아 PK전에서 패배한 쓰라린 경험이 있는 이탈리아로서는 한국과의 연장전이 무승부로 끝나고 또다시 PK전에 들어간다는 것은 끔찍한 일이었을 것이다. 그러나 안정환의 골든골로 이탈리아는 네 번째 PK전을 경험하지 않게 됐다.

한국은 월드컵 출전 사상 최초의 PK전인 2002 한일월드컵 8강전 스페인과의 경기에서 5:3으로 앞서 PK전 승리 한 차례에 성공률 100%를 기록했다.

③

위대한 축구 선수

 ## 등번호에 얽힌 전설

 거의 모든 단체 경기의 선수들은 등번호를 달고 있다. 특히 축구는 길이 100~105m, 너비 65~70m의 넓은 그라운드에서 경기를 하기 때문에 양 팀 22명의 선수를 모두 가려 보자면 등번호가 큰 도움이 된다.

 다른 인기 종목인 야구, 농구, 미식축구에서도 그렇지만 축구에서는 이 등번호가 전설을 낳고 있다. 세계의 국가 대표팀이 지역 예선을 거쳐 4년마다 한 차례 세계 정상을 겨루는 월드컵에서도 특정 등번호는 지구촌의 큰 관심거리다. 아니 그 번호를 단 선수의 활약이 큰 관심거리다.

 팀의 에이스가 계속 등에 다는 번호는 에이스 넘버라 불린다. 그리고 그 에이스 넘버가 후계자에게 이어지고, 후계자가 그 넘버에 걸맞은 활약을 보이면 에이스 넘버는 전설이 된다. 선구자들은 그 넘버를 등에 지고 오랜 세월 수많은 격전을 치르면서 역사에 자신의 이름을 새겨 왔다. 그 번호를 이어받은 선수는 그가 등에 단 번호 때문에 스탠드의 관중 그리고 TV 화면을 지켜보는 팬들의 주목을 받는다. 이렇게 되면 등번호는 단순한 숫자가 아니라 마력을 지니게 된다.

처음에는 등에 번호를 달아 등번호가 됐으나 그 뒤 바지에도 번호를 달고 지금은 앞가슴에도 번호를 단다. 그러나 선수 고유 번호가 등에 달리건 바지나 앞가슴에 달리건 일반적으로는 처음에 이름 붙여진 대로 등번호라 불린다.

에이스 넘버는 왜 10번일까

모든 국가 대표팀 그리고 모든 명문 클럽 팀의 에이스 넘버가 10번인 것은 아니다. 그러나 축구에서 에이스 넘버라면 가장 먼저 팬들의 머리에 떠오르는 것은 역시 10번일 수밖에 없다. 어째서 하필이면 10번이 에이스 넘버의 대표 격이 된 것일까?

이야기는 축구 황제 브라질의 펠레로부터 시작된다. 브라질 축구가 등번호제를 도입한 것은 다른 나라에 견주어 좀 늦은 편이었다. 축구가 브라질에 전해진 것은 19세기 말의 일이지만 축구의 프로화가 이루어진 1940년대에 이르러서야 비로소 등번호제가 도입됐다. 때마침 라디오의 축구 중계가 늘어나기 시작했기 때문에 방송 쪽에서 등번호 달기를 요청했던 모양이다. 넓은 경기장에 흩어져 있는 선수들 가운데 자기가 좋아하는 선수는 그래도 구별이 가능했다. 하지만 상대 팀 선수나 이름이 잘 알려져 있지 않은 선수를 구별하는 것이 힘들었기 때문에 등번호제의 도입은 브라질에서도 필요했다.

1958 스웨덴월드컵에 참가한 브라질 팀에 대해 FIFA는 등번호를 등록하라고 독촉했다. 그때만 하더라도 브라질은 등번호 같은 것에 아무도 신경을 쓰지 않고 있었다. 그래서 팀의 임원이 팀의 명

부를 보고 적당히 등번호를 매겼다. 가린샤는 20번, 펠레는 10번이라고 말이다. 이 우연한 등번호 배정이 뒷날 브라질뿐 아니라 온 세계를 사로잡는 전설을 낳게 되리라고는 아무도 예상치 못했다.

그때는 10번이란 등번호가 아무런 뜻이 없었다. 그래서 17세의 어린 후보 선수 펠레에게 10번이 주어진 것이다. 그 펠레가 조 리그 4조에서 브라질의 세 번째 경기인 소련과의 대결에 나서면서 눈부신 활약을 보이더니 8강전 웨일스와의 경기에서 결승 골을 넣어 브라질은 4강전에 진출했다. 세계 팬들을 열광시킨 그 경기에서 펠레는 등번호 10번을 달고 있었다. 펠레는 4강전에서 브라질이 프랑스를 5:2로 꺾을 때 혼자 3골이나 득점해 등번호 10번의 주가를 더욱 높였다. 결승전에서 브라질이 개최국 스웨덴을 5:2로 격파하고 첫 우승을 차지했을 때 펠레는 혼자 2골을 넣었다.

펠레, 충격적인 데뷔

1958 스웨덴월드컵에서 브라질의 소년 선수 펠레가 상대방 선수를 뒤에 두고 그대로 슛을 성공시켜 관중의 뜨거운 갈채를 받았다. 펠레는 브라질과 함께 축구의 황제로 등극했다.

예술적인 발리슛이 축구의 역사를 바꾸어 놓았다. 감동을 지나 경악에 가까운 슛이었다. 1958 스웨덴월드컵 결승전은 홈그라운드인 스웨덴과 브라질의 대결이었다. 브라질이 2:1로 리드한 가운데 맞이한 55분에 사이드로부터 날아온 센터링을 펠레는 왼쪽과 오른쪽 허벅지로 가볍게 트래핑을 한 뒤 상대 수비진을 제치고 호쾌한 슛을 작렬시켰다. '와아!' 경기장을 메운 모든 관중이 감탄 어린 함성을 질렀다.

이 순간 펠레는 축구 팬 모두가 인정하는 축구 황제에 올랐으며, 심지어 스웨덴 응원단까지 열광시켰다. 결과는 5:2로 브라질의 승리. 외국 기자들은 이름도 몰랐던 펠레의 출현에 크게 놀랐다. 브라질이 차지한 월드컵은 지금의 FIFA 월드컵이 아니라 월드컵의 창시자인 프랑스의 쥘 리메가 기증한 황금의 여신상이었다. 그때 펠레의 나이는 17세였다.

펠레는 1940년 10월 브라질의 미나스제라이스주의 작은 도시 트레스 코라송스에서 태어났다. 아버지 돈지뉴도 축구 선수였으나 무릎 부상으로 축구 선수의 꿈을 접었다. 날품팔이로 생활은 매우 어려웠다. 펠레의 유일한 즐거움이 축구였다. 펠레는 어릴 때도 일을 해야 했다. 그는 초등학교도 제대로 다니지 못하고 매일 구두를 닦아야 했고 기차에서 굴러떨어지는 땅콩을 주워서 팔기도 했다. 그러나 펠레에게는 축구에 남다른 재능이 있었다.

펠레의 본명은 에드송 아란치스 두나시멘투다. 뒷날 브라질의 대표팀에서 펠레의 선배였던 디디, 바바도 본명은 길었다. 축구공을 살 돈이 없었던 펠레는 신문지나 헌 누더기를 뭉쳐서 연습했다. 그때쯤 브라질의 명문 축구 클럽 산투스와 가계약을 맺고 1년 뒤 정식 계약을 체결했다. 산투스 스타디움의 관객들은 펠레가 펼치는 화려하고 감동적인 플레이에 금방 매료되었다. 16세의 어린 나이에 브라질의 대표 선수가 된 펠레는 선배인 디디와 바바의 인정도 받았다.

1962 칠레월드컵에서는 브라질의 연속 우승이 예상되었다. 그러나 펠레는 브라질의 우승을 막으려는 상대편의 과녁이 되었다. 펠레는 '펠레의 진격을 막으려면 거친 플레이밖에 없다'고 생각한 상대 팀 선수에게 1차 예선 리그에서 거친 태클을 당해 부상을 입는

바람에 이 대회에서는 모습을 나타낼 수 없었다. 상대 팀의 악질적인 플레이로 펠레의 눈부신 활약이 중단된 것이다. 4년 전의 우승 멤버가 태반인 브라질은 절름발이 천재 가린샤의 눈부신 활약에 힘입어 연거푸 우승에 성공했다. 1966 잉글랜드월드컵에서도 펠레는 상대 팀 선수의 집요하고 거친 태클에 몸과 마음이 큰 상처를 입었고 결국 브라질은 1차 예선 리그에서 패배하면서 귀국해야 했다.

1970 멕시코월드컵에서는 펠레의 복귀가 큰 힘이 됐다. 개성이 강한 브라질 선수들이 펠레를 중심으로 조직적인 팀플레이를 펼쳤다. 절름발이 천재 가린샤는 4년 전 대회를 끝으로 이미 대표팀을 떠났다. 하지만 펠레가 이끄는 브라질은 펠레의 리더십 아래 잉글랜드를 포함한 1차전 리그를 모두 이기고 토너먼트에서도 차례차례 이겨 이탈리아와 결승에서 마주쳤다. 경기장인 아스테카 스타디움은 관중으로 입추의 여지가 없었다. 헤딩 슛으로 이탈리아에게 선제골을 빼앗은 브라질은 4:1로 이탈리아를 물리치고 세 번째 우승을 차지해 쥘 리메 여신상을 영구히 차지하게 됐다.

기록을 살펴보면 펠레는 경기 중 파울 플레이를 한 적이 단 한 번도 없었다. 은퇴한 뒤 그는 축구 대사로서 온 세계를 돌며 어린이들에게 축구의 기초를 가르치기도 했다. 아마 펠레는 축구 선수들 가운데 팬들로부터 가장 존경과 사랑을 받은 축구인일 것이다.

10번을 달게 된 펠레의 후계자들

1958 스웨덴월드컵에서 성립된 펠레＝슈퍼스타＝10번의 등식은 펠레가 대표팀을 은퇴하는 1972년까지 이어졌다. 14년 동안 브라질 대표팀의 10번은 펠레였다. 1970년 단 한 차례 펠레가 불가리아 대

등번호 10번의 전설은 축구 황제인 브라질 펠레의 눈부신 활약과 실력에서 비롯됐다. 1976년 미국 리그에서 활동할 당시의 펠레. (사진 연합뉴스)

표 2진과의 친선 경기에서 13번을 달았던 일이 있다. 당시 같은 국가 대표 선수인 마리우 자갈루(훗날 브라질 대표팀 감독 역임)가 자신의 럭키 넘버인 13번을 펠레에게 달도록 권유해 펠레는 13번을 딱 한 번 달았다. 소속 팀인 산투스에서도 펠레는 10번만 등에 달고 뛰었다. 1975년 브라질에서의 축구에서 은퇴한 펠레는 그 뒤 미국 프로 축구 리그인 MSL로 옮겨 플레이를 했지만 그때도 등번호는 여전히 10번이었다. 통산 개인 득점 1,281골을 기록한 펠레의 뛰어난 활약이 10번을 으뜸가는 축구 선수의 등번호로 밀어 올렸다.

펠레가 은퇴하고 난 뒤에도 10번은 세계 축구에서 에이스의 대명사로 쓰였고 세대를 넘어 이어졌다. 브라질에는 이 10번을 계승한 뛰어난 선수들이 뒤를 이었다. 처음 그 후계자로 인정받은 선수는 호베르투 히벨리누였다. 프리킥의 명수 히벨리누도 전설에 남는 명플레이가 있었다.

1974 서독월드컵 1차 리그 브라질과 동독의 경기에서 히벨리누가 성공시킨 프리킥은 정말 '바늘구멍을 뚫는다'라는 표현이 알맞을 만큼 정확한 것이었다. 히벨리누가 프리킥을 찰 때 상대 선수 5명 그리고 브라질 선수 1명, 모두 6명이 그의 앞에 벽을 쌓고 있었다. 히벨리누가 차는 순간 벽을 쌓고 있던 단 1명의 브라질 선수가 벽의 안쪽으로 넘어졌다. '뻥'하고 한 사람 치의 공간이 빈 벽의 틈새 사이로 히벨리누의 강렬한 프리킥이 뚫고 날아갔다. 공은 자로 잰 듯 몇십 센티미터의 간격을 빠져나가 골 오른쪽 구석에 꽂혔다. 동독의 골키퍼는 그동안 꼼짝 못 하고 그저 골인을 바라볼 뿐이었고 벽을 쌓았던 선수들도 망연자실해 지켜볼 수밖에 없었다. 그때 사람들이 "프리킥을 축구 경기의 볼만한 구경거리로 만든 사나이는

히벨리누다"라고 감탄했을 만도 하다. 히벨리누는 브라질 국민의 승인을 받아 펠레로부터 10번을 이어받은 셈이다.

　1982 스페인월드컵에서 브라질의 중반은 '황금의 4인'이라고 불릴 만큼 안정되어 있었다. 지쿠, 세레주, 파우캉, 소크라테치의 4명으로 이루어진 '황금의 4인'은 공수 양면에서 브라질의 전력을 강화해 1981년 2월부터 서독을 두 차례 꺾은 것을 비롯, 1982 스페인월드컵에 출전하기까지 16승 4무로 무패를 자랑했다. 그 '황금의 4인' 가운데 핵심인 지쿠가 히벨리누의 뒤를 이어 10번을 달았다. 2006 독일월드컵에는 일본 대표팀의 감독을 맡기도 했다.

　그 뒤는 한일월드컵에서 혼자 5골을 넣어 득점 랭킹 2위로 브라질 우승에 크게 이바지한 히바우두, 그리고 같은 대회에서 떠오른 호나우지뉴가 차례로 브라질 팀의 10번을 물려받았다. 브라질에서는 10번이라는 등번호가 국가 대표팀뿐만 아니라 클럽 팀에서도 중요하게 여겨져 펠레가 산투스에서 10번을 단 것처럼 지쿠는 소속 팀인 플라멩구에서 10번을 달고 뛰었다. 상파울루에서는 제르송이 10번을 달았고 보타포구에서는 자이르지뉴의 등번호가 10번이었다. 브라질에서 10번의 영광은 대표팀 그리고 클럽 팀에서 이어져 나갔다.

　펠레의 등장 이후 브라질 사람들에게 10번은 최고의 뜻을 지니게 됐다. 예컨대 종전에는 사물을 평가할 때 100점 만점이었던 것이 10점 만점으로 바뀐 경우 등이다. 10번은 선수의 능력을 평가하는 중요한 수치가 되어 함량 미달인 선수가 등에 10번을 다는 일은 생각할 수조차 없게 됐다.

　10번이 베스트 플레이어의 증명이긴 하지만 예외가 없는 것은 아니다. 1994 미국월드컵의 최우수 선수인 브라질의 호마리우는

11번, 그리고 한일월드컵에서 8골을 넣어 득점왕을 차지하면서 브라질을 우승으로 이끈 호나우두는 9번을 달았다. 브라질은 워낙 빼어난 선수들이 많이 배출되기 때문에 그들이 모두 언제나 10번을 달수는 없는 노릇이다.

펠레 다음은 요한 크라위프

브라질이 월드컵에서 세 번째 우승을 차지한 뒤인 1974 서독월드컵을 1년 앞두고 펠레가 "이제 브라질 대표 선수의 유니폼을 벗을 때가 되었다"라고 했을 때 세계 축구 팬들의 눈길은 요한 크라위프(네덜란드 아약스 암스테르담)에 쏠렸다. 그도 그럴 만한 것이 당시 크라위프는 세계 으뜸의 공격수로 꼽혔기 때문이다.

크라위프는 네덜란드의 명문 축구 클럽 아약스의 경기장에서 돌을 던지면 닿을 거리의 빈민가에서 태어났다. 크라위프 집안은 야채 가게를 했다. 크라위프가 열두 살 때 아버지가 갑자기 세상을 떠났다. 크라위프는 학교를 마치면 어머니의 일터로 부지런히 갔다. 그곳에서는 모든 것이 축구를 생각나게 했다. 아버지가 세상을 떠난 다음 해인 열세 살 때 빈곤에서 벗어나기 위해 크라위프는 학교를 그만두고 아약스 경기장에서 잔심부름을 하고 받는 보너스로 만족해야만 했다. 유소년 팀에 몸담게 되면서 원룸 비용과 따뜻한 식사를 보장받았다. 그에게는 축구만이 인생의 전부였다.

얼마 지나지 않아 두 사람의 영국인 코치가 크라위프의 자질을 인정했다. 이 코치들은 병역을 면제받을 정도로 허약했던 그에게 전문적인 근육 운동을 하게 하면서 프로 선수로서의 체력을 키우도록 했다. 그리고 미헐스 감독과의 만남이 크라위프의 인생을 크게 바꾸어 놓았다. 여기서 공 다루는 테크닉을 가장 중요하게 여기는 교육을 받게 된다. 포지션에 따른 움직임에 관계없이 전원이 공격에 가담하고 전원이 수비를 굳히는 이른바 토탈 사커를 대표적으로 해낼 수 있는 선수가 크라위프였다. 어떤 때는 쓰러질 때까지 달리고 어떤 때는 볼 컨트롤을 반복했다.

크라위프는 그때까지 반세기 동안 굳어져 있었던 축구 기술의 역사를 바꾸어 놓았다. 그는 1960년대 중반부터 전 세계 축구가 관심을 쏟게 된 두뇌 축구의 연출자이자 최종 결정자였다. 오렌지색 유니폼을 입어 오렌지 군단이라고 불렸던 네덜란드 팀의 크라위프는 어떻게 보면 20세기에서 가장 뛰어난 축구 선수이자 지도자인지 모른다.

1974 서독월드컵에서는 대회가 열리기 전부터 스타는 크라위프였고 우승 후보는 네덜란드였다. 2차 리그에서 네덜란드는 아르헨티나와 브라질을 어린애 다루듯 했고 그들을 물리치고 결승에서 서독과 마주쳤다. 그러나 서독과의 경기는 아깝게도 1:2로 패배했다. 이 경기를 관람한 네덜란드의 베른하르트 공은 "최고의 팀이 질 수도 있다"라고 위로했고 많은 사람도 동감했다.

1978 아르헨티나월드컵에서 크라위프의 모습은 볼 수 없었다. 그 진상은 아직도 알 수 없으나 서독 신문의 날조된 기사는 크라위프를 모욕하는 내용이었다.

마라도나를 비롯한 이름난 10번 선수들

남미 축구의 쌍벽은 브라질과 아르헨티나다. 원래는 3강이 있으나 1950년대 중반 이후 우루과이가 부진에서 벗어나지 못하는 바람에 브라질과 아르헨티나가 남미 축구의 두 기둥 역할을 하고 있다.

현란한 드리블로 상대 선수 6명을 제치고 골을 넣은 아르헨티나의 마라도나에 의해 에이스 넘버 10번은 전설에서 신화가 됐다. 1980년대에 프랑스를 축구 강국으로 끌어올린 '장군' 플라티니는 10번을 달 만한 뛰어난 선수였다. 1998 프랑스월드컵에서 마라도나(왼쪽), 펠레(가운데), 플라티니(오른쪽). (사진 연합뉴스)

브라질의 라이벌 격인 아르헨티나에서도 펠레가 불러일으킨 10번의 전설을 받아들였다. 마라도나가 10번을 달고 현란한 플레이를 펼쳐 세계를 놀라게 했다. 마라도나는 1960년 10월 아르헨티나의 수도 부에노스아이레스의 가난한 사람들이 모여 사는 빈촌에서 태어났다.

1986 멕시코월드컵 잉글랜드와의 8강전 후반 9분, 하프라인을 조금 앞둔 자기 진영에서 패스를 받은 마라도나는 빠르고 다채로운 드리블과 페인트를 섞어 상대 선수 6명을 차례차례 제치고 60미터나 되는 거리를 돌파해 골을 넣었다. 이 놀라운 플레이에 11만 5,000명의 관중이 기립 박수를 보냈으며 잉글랜드의 롭슨 감독조차 "기적이다! 나의 오랜 축구 인생에서 이런 멋진 골은 처음 본다"라고 감탄했다. "축구는 단체 경기가 아닐 수도 있다. 한 사람만 잘해도 골을 넣을 수 있다"라는 역설적인 말은 마라도나의 기적 같은 플레이에 대한 찬사였다. 마라도나의 6명 돌파로 10번의 전설은 신화가 되었다.

1986 멕시코월드컵 준결승 잉글랜드전 54분 패스를 받은 마라도나는 단숨에 골로 향했다. 앞을 차례로 가로막는 잉글랜드 선수들을 어린애 다루듯 제치면서 골 안에 막판에는 골키퍼와 엉키면서 쓰러져 들어갔다. 이처럼 신화를 탄생시킨 슈퍼 골을 날린 마라도나는 은퇴 후 아르헨티나 대표팀 감독을 맡는 등 활동을 하기도 했으나, 그 성적은 기대에 미치지 못했다. 말년에는 코카인 소지로 구속당하는 등 안타까운 일들이 있었으며, 2020년에 사망했다.

1960년대 펠레에 의해 확립된 10번의 권위는 1970년대에 계속 활약한 펠레와 1978년 아르헨티나를 월드컵에서 우승시키는 데 견인차 역할을 한 '투우사' 켐페스에 의해 더욱 확고해졌다. 1980년대

프랑스의 큰 별 지단은 10번을 달고 1998 프랑스월드컵에서 프랑스가 우승하는 데 결정적으로 이바지했다. 그리고 2006 독일월드컵에서 준우승으로 선수 생활을 마무리했다. (사진 연합뉴스)

2002 한일월드컵 16강전에서 한국의 김남일이 "토티는 가장 거칠고 더러운 선수다"라고 평했던 이탈리아의 토티는 이 대회부터 10번을 달았다. 그는 세계에서도 손꼽히는 뛰어난 선수임에는 틀림없다. (사진 연합뉴스)

는 프랑스를 축구 강국으로 밀어 올린 플라티니 그리고 아르헨티나의 마라도나에 의해 10번은 세계 축구에서 찬연히 빛났다. 1990년 대 들어 엄청난 인기를 모으면서도 큰 타이틀과는 인연이 없었던 이탈리아의 로베르토 바조, 유고슬라비아의 드라간 스토이코비치 등이 10번을 달고 화제를 모았다. 2000년대 접어들자 잉글랜드의 마이클 오언, 프랑스의 지네딘 지단, 이탈리아의 프란체스코 토티, 브라질의 호나우지뉴 등이 10번의 전설을 계승했다.

팬들은 10번에게 무엇을 기대하나

그렇다면 전설의 10번을 등에 달고 뛰는 선수는 경기에서 어떤 역할을 해야 할까. 첫째는 팀 안에서 가장 빛나는 카리스마가 있어야 한다. 한마디로 그 팀의 간판스타로서의 품성을 지녀야 한다는 이야기다. 둘째, 뛰어난 기술로 라스트 패스를 공급해 동료가 골을 넣을 수 있도록 해 줄 능력이 있어야 한다. 셋째, 경기의 승패를 판가름하는 골 결정력도 있어야 한다. 상대 팀에게 리드당하거나 동점일 때 게임의 흐름을 바꾸어 놓을 골을 넣을 수 있어야 10번을 달아도 어울린다는 뜻이다. 넷째, 서포터들에게 가장 사랑받고 두터운 신임을 받아야 한다. 스타이면서도 교만하지 않고 겸손하며 늘 밝은 표정으로 사랑받고 팀의 어떤 어려움에도 10번이 해결할 것이라는 두터운 신뢰감을 서포터들에게 줄 수 있어야 한다. 다섯째, 등번호 10번만으로 팀 전체에 안심을 줄 수 있어야 한다. 경기 진행 상황에 따라 선수들은 심리적으로 동요되기 쉽다. 이런 때에 팀 전체에 안정감을 줄 수 있는 그런 존재가 바로 10번이다. '어떤 상황이 닥치더라도 우리에게는 10번이 있다. 10번이 어려움을 해결해 줄 것이다. 안심해도 된다'는 믿음이 팀을 공황 상태에서 구해 준다.

　10번의 역할은 사령탑이며 득점원이기도 하다. 교묘한 볼 컨트롤로 경기를 지배할 뿐 아니라 열세를 튕겨 내고 전세를 뒤집는 역전 골을 넣을 능력이 있어야 한다. 창조적 패스, 예술적 슛을 성공시킴으로써 10번을 대표적인 '판타지스타fantasista'(원래는 상상력이 풍부한 사람이라는 이탈리아어로 축구에서는 환상적인 플레이를 연출해 내는 선수라는 뜻으로 쓰인다)라고 말하는 사람들도 있다. 그러나 한동안 축구가 시스템화되면서 10번의 역할도 달라졌다. 승리를 위해 보다 팀워크가 강조되면서 개인기에 뛰어난 판타지스타의 입지가 좁아졌기 때문이다. 보다 정력적으로 움직이면서 팀의 조직적 플레이에 이바지하는 선수를 감독들이 선호하게 됐다.

　천재적인 재주를 가지고 그런 변화에 적응하는 데 가장 힘들었던 선수는 이탈리아의 로베르토 바조가 아닌가 싶다. 1994 미국월드컵에서 초반에 부진하던 이탈리아가 결승까지 오를 수 있었던 것은 바조가 16강전에서 2골, 8강전에서 1골, 4강전에서 2골을 넣었기 때문이다. 브라질과의 결승전은 연장전 끝에 PK전에서 2:3으로 지는 바람에 바조는 뛰어난 재주를 지녔음에도 월드컵을 안아보지 못했다. 1990 이탈리아월드컵에서 바조는 1차 리그 A조 마지막 경기인 체코슬로바키아와의 대결 때야 처음으로 그라운드를 밟을 수 있었다. 아첼리오 비치니 감독이 처음 두 경기에는 바조를 기용하지 않았기 때문이다. 월드컵 첫 출전의 첫 경기에서 바조는 결승 골을 넣어 이탈리아 팬들을 열광시켰다.

　그러나 비치니 감독은 자신이 키운 선수들을 경기장에 내보내고 바조를 기용하는 데는 인색했다. 4강전 아르헨티나와의 경기에서도 선발 멤버에 바조는 끼어 있지 않았다. "바조를 내보내라"라는 함성이 스탠드에 울려 퍼지는데도 비치니 감독은 못 들은 척하고 바조를 벤치에 앉혀 두었다. 이탈리아는 스킬라치가 전반에 선제골을 올렸으나 후반 32분에 아르헨티나의 카니히아에게 동점 골을 허용하고 말았다. 그제서야 비치니 감독은 바조를 내보냈다.

하지만 이미 80분 가까이 뛴 이탈리아 선수들은 피로가 쌓여 바조의 빠른 움직임을 따라갈 수가 없었다. 경기 종료 직전 바조는 이탈리아를 구하기 위해 롱슛을 쏘아 아르헨티나 골에 꽂았으나 이미 경기 종료 휘슬이 울린 뒤였다. 결국 연장전 끝에 치른 PK전에서 이탈리아는 3:4로 져서 결승 진출의 꿈은 사라지고 말았다. "좀 더 일찍 판타지스타인 로베르토 바조를 내보냈더라면 이탈리아는 적어도 결승까지 올랐을지도 모른다"라고 이탈리아 사람들이 아쉬워했다. 결국 감독이 인정하지 않으면 판타지스타도 환상적 플레이를 보여 줄 수가 없는 것이다.

팀워크에만 지나치게 중점을 두는 흐름도 변화하고 있다. 프로축구는 팬들이 있어야 하고 팬들은 화려한 플레이를 보기 위해 경기장에 몰리고 TV 앞에 앉는다. 지단이나 호나우지뉴가 보여 준 놀라운 플레이를 팬들은 갈망하고 있다. 그 갈망이 다시 10번을 부활시키고 있다.

독일 대표팀의 에이스 넘버는 13번

에이스 넘버가 반드시 10번인 것은 아니고 나라, 또는 클럽에 따라 다르다. 예컨대 독일 대표팀은 에이스 넘버가 10번이 아니라 13번이다. '폭격기' 게르트 뮐러가 13번을 달았기 때문이다. 뮐러는 어떤 공이라도 자신에게 오기만 하면 골에 넣어 버리는 타고난 스트라이커였다. 뮐러는 분데스리가의 득점왕 7차례, 분데스리가에서 356골, 유럽컵전에서는 74경기에서 66골, 대표 선수로서는 62경기에서 68골을 기록했으니 놀랄 만하다. 1970 멕시코월드컵에서는 6경기에서 10골을 넣어 득점왕을 차지하면서 '서독에 뮐러라는 대단한 골잡이'가 있음을 온 세계에 알렸다.

1974년 서독에서 열린 월드컵 결승전은 서독과 요한 크라위프가 이끄는 네덜란드의 대결로 압축됐다. 1:1로 맞이한 전반 43분 오른쪽 사이드에 들어가 있던 서독의 본호프가 드리블로 네덜란드의 수비수 아드리아뉘스 한을 제치고 페널티 에어리어를 향해 낮고 날카로운 크로스를 날렸다. 에어리어 안에는 언제 들어갔는지 뮐러가 있었다. 본호프의 크로스를 가로채려고 네덜란드의 크롤이 달려들었으나 뮐러는 크롤을 따돌리고 본호프의 크로스를 트래핑해 자신의 뒤쪽에 공을 떨어뜨렸다. 공이 뮐러의 뒤쪽으로 떨어졌으니 많은 사람은 트래핑 미스로 보았고 독일 관중은 '모처럼의 기회를 놓치는 건' 아닌지 안타까워했다.

그러나 여기에서 기적이 일어났다. 뮐러는 공의 방향으로 몸을 휙 돌리더니 마치 기계인형처럼 엉성한 움직임으로 오른 다리를 뻗어서 공을 찼다. 공은 상대 수비수 크롤의 두 다리 사이를 빠져나가 네덜란드 골의 왼쪽 구석으로 굴러 들어갔다. 뮐러가 자신의 뒤로 공을 떨어뜨린 지점은 상대 수비수와 상대 골키퍼가 닿을 수 없는 위치였다. 그런 위치에 공을 두고 자신의 위치, 수비수의 위치, 골과의 각도를 순간적으로 계산해서 넣은 뮐러다운 슛이었다. 결승골을 뮐러가 넣은 것이다. 이로써 뮐러는 4년 전 멕시코월드컵 때의

2002 한일월드컵 4강전에서 1:0으로 한국을 꺾은 독일의 푈러 감독은 현역 시절 13번을 달고 이름을 떨쳤던 명공격수다. 한일월드컵 4강전에서 결승 골을 넣은 발라크는 에이스 넘버인 13번을 달았다. (사진 연합뉴스)

득점까지 합쳐 월드컵에서 모두 14골을 기록해 1958 스웨덴월드컵에서만 13골을 기록한 프랑스의 쥐스트 퐁텐을 앞질러 월드컵 통산 최다득점자가 됐다. 지금도 이 결승 골은 독일 국민 사이에 잊을 수 없는 전설로 대를 이어 전해진다.

뮐러의 후계자는 루디 푈러다. 푈러를 기억할 한국 팬들도 적지 않을 것이다. 2002 한일월드컵 4강전에서 한국을 1:0으로 꺾은 독일의 감독이 바로 그 사람이다. 차범근 감독이 서독 분데스리가에서 활약할 때의 친구이기도 한데, 한일월드컵 때 차범근 감독이 TV 중계 해설에서 자신을 깎아내렸다 해서 한때 불편한 감정을 품었다가 나중에 오해를 풀었다고 한다. 푈러는 선수 시절 독일 대표팀의 CF(센터포드)로서 세 차례나 월드컵에 출전한 독일 축구의 위대한 리더다. 월드컵에서는 15경기에서 8골을 올렸다. 1990 이탈리아월드컵에서 서독이 세 번째 우승을 차지한 결승 골은 푈러가 얻어 낸 PK를 브레메가 차넣어서 얻은 것이다. 콧수염, 큰 웃음, 상대 선수 두 다리 사이로 빼는 드리블, 가속하는 전진, 휘는 골, 가슴으로의 볼 스토핑, 최전선에서의 영리한 플레이 등이 푈러의 특징이다. 특히 이탈리아 팬들은 AS로마에서 다섯 시즌을 보내면서, 머리로든 발뒤축으로든 룰이 허용하는 모든 방법을 구사해서 45골을 올린 푈러의 멋진 플레이를 잊지 못한다.

그다음은 미하엘 발라크다. 한국 팬은 그의 이름을 결코 잊을 수가 없다. 2002 한일월드컵 4강전에서 13번을 달고 결승 골을 넣어 독일을 결승으로 이끌고 한국의 결승 진출을 좌절시킨 선수가 발라크다. 수비형 미드필더인데도 기회를 잡으면 과감하게 골을 넣으며 균형 감각이 대단했다. 전문가들은 발라크가 프란츠 베켄바워, 베르티 포크츠, 로타어 마테우스의 뒤를 잇는 필드의 사령관이 되기를 기대하기도 했다.

맨체스터 유나이티드는 7번이 에이스 넘버

잉글랜드의 명문 클럽 맨체스터 유나이티드는 7번이 에이스 넘버다. 2005년 11월 25일 세상을 떠난 조지 베스트가 달았던 등번호가 7번이었기 때문에 맨체스터 유나이티드에서는 7번이 에이스 넘버

세계적인 축구 스타 잉글랜드의 베컴은 맨체스터 유나이티드에 몸담았을 때 베스트의 전설이 얽힌 7번을 달고 뛰었다. (사진 연합뉴스)

가 됐다.

　1961년 8월 북아일랜드의 벨파스트에서 맨체스터 유나이티드의 스카우터는 15세의 조지 베스트의 자질에 놀라 "천재를 발견했다"라고 팀에 보고했다. 2년 동안 맨체스터 유나이티드의 유소년 팀에서 훈련을 받은 베스트는 1963년 17세에 프로 선수가 되어 9월에 데뷔, 12월에는 첫 골을 올렸으며 1964년 북아일랜드 대표 선수로 뽑혔다. 1968년 5월 유럽챔피언스컵(지금의 챔피언스리그) 결승에서 맨체스터 유나이티드는 포르투갈의 벤피카와 1:1 동점 끝에 연장전에 들어갔다. 이 연장전에서 베스트는 온 유럽을 놀라게 만든 현란한 골을 선보인다. 연장전에 돌입해서 선수 모두가 체력이 떨어져 허덕이는 가운데 베스트는 왼쪽 사이드에서 공을 잡자 드리블로 치고 들어가 화려한 스텝으로 앞을 가로막는 3명의 상대 수비수들을 차례로 제치고 결승 골을 넣었다. 같은 해 베스트는 북아일랜드, 잉글랜드 그리고 유럽의 연간 최우수 선수상을 싹쓸이했다. 숙원이었던 유럽챔피언스컵 제패의 꿈을 이룬 맨체스터 유나이티드의 팬들은 베스트를 전설로 올려놓았고 그가 달았던 등번호 7번을 영원히 기억하기 위해 에이스 넘버로 삼았다. 축구 황제 펠레도 "베스트야말로 세계 최고의 선수"라고 찬사를 아끼지 않았다.

　그러나 세계 정상급으로 꼽히면서도 베스트의 대표팀인 북아일랜드는 세계의 주목을 받는 월드컵에는 출전해 보지 못하였다. 빼어난 용모에 반항적이고 자유분방한 사생활로 젊은이들의 우상이었던 베스트는 지나친 음주로 건강을 해치고 간까지 상하는 바람에 선수 생활을 오래 이어가지 못했다. 2002년 여름 10시간에 걸쳐 간 이식 수술을 받았으나 지난날의 모습은 되찾지 못했다. 맨체스터 유나

포르투갈의 크리스티아누 호날두는 18세의 어린 나이에 맨체스터 유나이티드의 에이스 넘버인 7번을 받았다. 2007 챔피언스리그 1라운드 준결승전 맨체스터 유나이티드 FC 대 AC 밀란과의 경기에서 드리블하는 호날두. (사진 연합뉴스)

이티드에서는 7번을 달았지만 북아일랜드 대표팀에서는 10번을 달았던 베스트가 마지막으로 월드컵 지역 예선에서 1978 아르헨티나월드컵 진출을 노렸다. 그러나 1977년 10월 홈그라운드인 벨파스트에서 북아일랜드는 요한 크라위프가 이끄는 네덜란드의 벽을 뚫지 못하고 0:1로 져서 지역 예선 탈락의 쓴잔을 마신다. 당시 서른 살이 넘은 베스트는 지난날의 스피드와 날카로움은 줄었지만 타이밍을 잘 잡아 동료 선수들을 활발하게 뛰도록 만들었다. 허나 전세를 뒤집지는 못했다. 이 경기가 베스트의 마지막 월드컵 지역 예선이 되고 말았다. 그래도 4년 뒤 베스트가 빠진 북아일랜드는 1982 스페인월드컵에 출전해 2차 리그까지 진출하는 활약을 보였다.

맨체스터 유나이티드에서는 베스트가 떠난 뒤 30년 동안 등번호 7은 보비 롭슨, 에릭 칸토나, 베컴을 거쳐 크리스티아누 호날두에게로 이어졌다. 크리스티아누 호날두가 처음 맨체스터 유나이티드에 입단해 클럽으로부터 베컴의 후계자로서 등번호 7번을 받자 일부 팬들은 반발했다. 클럽은 크리스티아누 호날두에게 건 기대가 컸기 때문에 '베컴과 같은 팀의 기둥이 되라'고 격려의 뜻으로 7번을 건네준 것이지만 일부 팬들은 "아직 18세밖에 안 된 풋내기인데다 장래도 미지수인데 영광의 7번을 덜컥 내줄 수 있느냐"라고 비판한 것이다. 하지만 호날두는 클럽의 기대를 저버리지 않고 맨체스터 유나이티드의 7번답게 성장했다. 그러고 보면 에이스 넘버는 그 번호를 단 선수에게 중압감과 공포감을 주지만 그 압력을 이겨내고 등번호에 걸맞게 노력하면 등번호가 선수를 위대한 플레이어로 만든다는 주장도 일리가 있다.

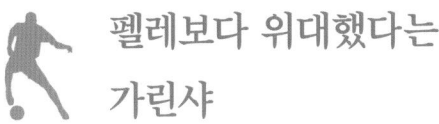# 펠레보다 위대했다는 가린샤

"역사상 가장 위대한 축구 선수는 누구일까?"라는 질문을 던지면 아마도 많은 사람이 "축구 황제인 브라질의 펠레"라고 답할 것 같다. 17세의 어린 나이로 1958 스웨덴월드컵에서 펠레는 화려한 플레이로 브라질의 첫 우승을 이끌었고 1962 칠레월드컵, 1970 멕시코월드컵까지 브라질이 월드컵 우승을 세 차례나 차지하는 데 크게 이바지했다. 펠레는 22년 동안의 현역 선수 생활 시 1,281골이나 기록했으니 온 세계 축구 팬들의 우상일 수밖에 없다.

    그러나 한때 펠레보다 더 위대하다는 찬사를 들었던 축구 선수가 브라질에 있었다. 가린샤가 바로 그 선수다. 1958 스웨덴월드컵에서 펠레가 눈부신 활약을 할 수 있었던 것은 가린샤가 있었기 때문이며 1962 칠레월드컵에서 부상으로 펠레가 빠진 브라질을 우승시킨 것도 가린샤였다. 1958 스웨덴월드컵에 브라질 대표 선수로 출전해 펠레, 가린샤 등과 함께 뛴 마졸라는 훗날 TV 해설자가 되어 가린샤의 뛰어난 능력에 대해 이렇게 증언했다.

천재적 드리블러 가린샤가 공을 치고 들어가면 그를 막아 내는 것은 거의 불가능에 가까운 일이었다. 1966 잉글랜드월드컵에서 브라질과 불가리아 경기에서 활약하는 가린샤. (사진 연합뉴스)

"스웨덴월드컵에서 브라질이 우승할 수 있었던 것은 가린샤가 있었기 때문이다. 4년 뒤의 칠레월드컵 때도 마찬가지다. 가린샤가 브라질을 우승으로 이끌다. 사람들은 '펠레! 펠레!'라고 요란을 떨었지만 가린샤가 없었으면 브라질은 월드컵에서 두 차례 연속으로 우승하지 못했을 것이다."

소아마비 장애인 가린샤의 기적

가린샤의 본명은 마누에우 프란시스쿠 두스 산투스다. 그러나 사람들은 그를 작은 새라는 애칭인 가린샤로 불렀다. 가린샤는 1933년 10월 23일 브라질의 산골짜기 마을인 파우그란데에서 태어났다. 그는 어릴 때 소아마비를 앓았다. 축구를 매우 좋아했던 가린샤가 소아마비로 다리를 뜻대로 못쓰게 되었다. 가린샤의 다리는 날로 나빠져 갔고 하루빨리 수술을 받아야만 했다. 그러나 그날그날 입에 풀칠하기도 힘들었던 가린샤의 집에서는 비싼 수술 비용을 마련할 길이 없었다.

"하늘은 무심치 않다"라는 말처럼 가린샤의 딱한 사정을 동정한 젊은 외과 의사가 무료 수술을 자원해 나섰다. 수술은 성공적이었다. 수술 결과 가린샤의 왼쪽 다리는 기적적으로 회복되어 그토록 좋아하던 축구를 할 수 있게 됐다. "이 은혜는 평생 잊지 않겠습니다. 열심히 노력해서 꼭 뒷날 훌륭한 선수가 되겠습니다"라고 가린샤는 다짐했다. 소아마비의 후유증 탓에 가린샤의 왼쪽 다리는 오른쪽 다리보다 6cm가 짧아 걸을 때는 왼쪽 다리를 절었다. 그러나 이를 무릅쓰고 가린샤는 맹훈련을 거듭해 변화무쌍한 드리블을 익혀 실력을 닦아나갔다.

가린샤는 열아홉 살 때 브라질의 명문 클럽 보타포구에 입단했다. 보타포구에는 '백과사전'이라는 별명을 지닌 사상 최강의 왼쪽 사이드인 니우통 산투스가 있었다. 입단 테스트 경기에서 후보 팀에 낀 가린샤는 레귤러 팀과 대결해 산투스를 깜짝 놀라게 만드는 활약을 보였다. 뒷날 산투스는 그때를 이렇게 돌이켰다.

"가린샤를 처음 만났을 때 나를 놀리는 건가 생각했지. 그의 다리는 휜 데다 절고 있었으니 말이야. 이런 녀석이 축구를 한다는 것은 무리라고 생각할 수밖에 없었지. 공이 가린샤에게 건네지자 나는 그에게 달려들었어. 언제나처럼 왼발로 공을 빼앗으려 했더니 그 녀석은 나에게 페인트를 걸고 나의 밸런스를 무너뜨린 뒤 제치고 빠져나가 버리더군. 그래서 내가 뒤돌아보자 이미 그때는 센터링을 올리고 있는 거야. 두 번째는 나의 가랑이 사이로 공을 빼내는 것이 아닌가. 세 번째는 나에게 팔꿈치로 일격을 가하기까지 했어. 훈련 경기를 지켜보던 사람들 사이에서 웃음보가 터지자 나는 화가 치밀어 가린샤에게 발을 걸어 넘어뜨리려고 했네. 그러나 그것도 소용이 없었어. 가린샤는 살짝 피해 버렸으니까. 나는 바로 팀 간부들에게 달려가서 '바로 저 녀석을 선발 멤버에 넣으십시오. 천재가 나타났습니다'라고 말했지."

"펠레와 가린샤를 내보내야 합니다"

보타포구의 스타가 된 가린샤는 1955년 9월 28일 브라질 대표 선수로 데뷔한다. 1958 스웨덴월드컵에 펠레와 가린샤는 브라질 대표 선수로 참가했다. 그러나 1차 리그 4조의 브라질은 첫 경기에서 오스트리아를 3:0으로 물리치고 좋게 출발했으나 두 번째 경기에서 잉글랜드와 0:0으로 비기고 말았다. 마지막 경기에서 브라질은 소련을 이기지 못하면 결승 토너먼트인 8강전 진출이 어려운 상황에 놓였다. 소련과의 경기 전날 자갈루, 지지, 산투스 등이 페올라 감독에게 건의했다. "지금 공격진으로는 안 됩니다. 젊은 선수들을 내보내야 합니다. 가린샤와 펠레를 내보내 주십시오." 페올라 감독은 이를 받아들였다.

1962 칠레월드컵에서 활약하는 가린샤. 가린샤는 1958 스웨덴월드컵과 1962 칠레월드컵에서 브라질이 연거푸 우승하는 데 결정적인 공헌을 했다.

나이 어린 펠레는 아직 중요한 국제 경기 경험이 모자랐고 가린샤도 뛰어난 능력은 인정받았으나 때로는 어이없이 무너질 때도 있었기 때문에 그때까지 그들은 기용이 보류되었다. 더구나 이미 그때부터 술을 좋아했던 가린샤가 첫 경기 전날 술 취한 모습을 들킨 것도 그를 벤치에 앉혀 두는 이유가 됐다. 하지만 1차 리그 마지막 소련과의 경기는 시작하자마자 단 3분 만에 소련의 수비진을 쑥대밭으로 만들어 버리고 말았다.

가린샤는 다채로운 드리블로 소련 선수들을 가시고 놀았으며 가린샤의 센터링을 받은 바바가 2골을 넣어 브라질은 2:0으로 이기고 결승 토너먼트인 8강전에 올랐다. 프랑스의 스포츠 신문 〈레키프〉의 특파원 가브리엘 아노는 이렇게 썼다.

"브라질과 소련의 경기 같은 엄청난 축구는 지금까지 본 적이 없다. 이

것은 오로지 가린샤가 있었기 때문에 가능한 일이었다. 가린샤와 어깨를 견줄 만한 선수는 없다."

8강전에서 펠레의 결승 골로 웨일스를 1:0으로 꺾은 브라질은 4강전에서 프랑스와 마주쳤다. 프랑스와의 경기에서도 오른쪽 날개인 가린샤의 활약은 눈부셨다. 가린샤가 적진을 휘저어 놓은 사이 20분 동안 펠레가 3골이나 넣은 브라질은 5:2로 이기고 결승에 진출했다. 결승전 스웨덴과의 대결에서도 가린샤는 월드컵 역사에 길이 남을 눈부신 플레이를 보여 주었다. 개최국인 스웨덴은 경기가 시작된 지 얼마 되지 않아 베테랑 공격수 리드홀름이 선제골을 넣어 기세를 올렸다. 스웨덴은 경기 초반에 선제골을 올리기만 하면 브라질은 공황 상태에 빠져 무너질 것으로 내다보았다.

그러나 스웨덴은 가린샤를 계산에 넣고 있지 않았다. 가린샤는 기가 죽기는커녕 잽싸게 폭발적인 스피드로 공을 몰고 들어가 그를 막으려는 스웨덴 수비진을 허수아비로 만들고 골라인까지 이르러 센터링을 올려 바바와 자갈루의 득점을 도왔다. 펠레와 바바가 각각 2골, 자갈루가 1골을 넣은 브라질은 스웨덴을 5:2로 크게 이기고 월드컵 첫 우승의 영광을 안았다. 이 결승전에서 펠레는 뒷날 두고두고 이야깃거리가 된 환상의 골을 보여 주어 세계를 열광시켰다.

펠레 빠진 브라질 이끌고 월드컵 2연패

1962 칠레월드컵에서는 펠레가 부상을 입어 8강 진출이 걸린 스페인전부터는 뛰지 못했다. 펠레가 그라운드에 나서지 못하게 됐기 때문에 가린샤의 책임은 더욱 무거워졌다. 가린샤는 모든 포지션을

커버했다. 미드필더, 공격수, 수비수 등 상황의 변화에 따라 가린샤는 그 포지션을 모두 소화했다. 8강전 잉글랜드와의 경기에서 가린샤는 2골, 바바는 1골을 올려 3:1로 잉글랜드를 탈락시켰다. 잉글랜드전에서 바바는 그때 자신이 가린샤 도움으로 골을 넣은 상황을 잘 기억하고 있었다. "가린샤가 찬 프리킥을 잉글랜드의 골키퍼 스프링제트가 잡지 못하고 튕겨 내 버렸어. 그 튕겨 나온 공을 내가 헤딩으로 밀어 넣었지."

이 득점은 우연히 이루어진 것으로 생각하기 쉽지만 반드시 우연이라고만 할 수는 없다. 가린샤와 바바의 계산대로 이루어진 득점이라는 견해도 있다. 이 대회가 두 번째 월드컵 출전인 잉글랜드의 보비 찰턴은 이렇게 말했다.

"미리 의도한 대로 올린 득점이었다. 가린샤가 공을 차자 바바는 턴을 해 목표 지점으로 달려갔다. 예상대로 공이 튕겨 나오자 바바는 골을 넣어 버린 거다. 가린샤와 바바는 매우 영리한 젊은이였다."

그 뒤 코너킥에서 날아온 공을 향해 173cm에 못 미치는 키의 가린샤가 잉글랜드의 188cm나 되는 하프센터와 함께 공중에 치솟아 올랐으나 가린사가 헤딩으로 골에 연결시키는 데 성공했다. 가린샤는 포탄이 날아가는 듯한 소리를 내는 롱슛으로 1골을 더 보탰다. 브라질이 잉글랜드를 3:1로 꺾자 잉글랜드의 월터 윈터보텀 감독은 "내가 잘못 알고 있었다. 펠레가 빠진 브라질이야말로 세계 최강이었다"라며 감탄했다. 4강전에서도 가린샤는 혼자 2골을 기록하면서 개최국인 칠레를 4:2로 물리치는 데 결정적으로 이바지했다.

체코와의 결승전에 가린샤는 39도의 고열을 무릅쓰고 출전을 강행했다. 바로 눈앞에 두 번째 우승이 기다리고 있는 마당에 가린샤는 몸이 아프다고 담요를 두른 채 벤치에 앉아 있을 수는 없었다. 신열이 높았던 가린샤의 움직임은 둔했다. 그러나 전반 1:1 동점을 이루고 후반에 접어들자 가린샤의 눈부신 움직임이 살아났다. 가린샤의 활약에 기세가 오른 브라질은 지토와 바바가 각각 1골씩을 넣어 체코에게 3:1로 이기고 두 번째 월드컵을 안았다. 아픈 몸을 무릅쓰고 결승전을 뛴 가린샤는 기진맥진해서 시상식에 참석하지 못했다.

알코올 중독으로 생을 마감하다

칠레월드컵에서 월드컵 2연패를 달성한 시점에 가린샤의 인기는 펠레를 앞질렀다. 그러나 그때쯤부터 가린샤의 선수 생활은 내리막길에 들어섰다. 그즈음부터 가린샤는 알코올 중독이었다. 팀 동료들은 가린샤의 알코올 중독을 못 본 체하고 있었다. 알코올은 그의 몸을 하루하루 좀먹어 들어갔다.

알코올 중독이 말해 주듯 가린샤는 사생활에 문제가 있었다. 마치 어린애처럼 단순하고 착한 면도 있었으나 끝내 어른이 되지 못하고 만 그런 삶이었다. 가린샤는 아내와 7명의 딸을 버리고 인기 가수 엘자 소아레스와 결혼한다. 가린샤가 혼외자로 인지한 자식은 모두 15명이나 된다. 그 가운데 딸이 11명, 아들이 4명이었다.

엘자가 가린샤를 만난 것은 서른한 살 때로, 가린샤보다 세 살 위였다. 엘자의 과거는 가린샤의 어릴 때보다 훨씬 비참했다. 빈민굴에서 자란 엘자는 열세 살 때 소아레스라는 형편없는 건달과 결혼했다. 엘자는 8명의 아이를 두었으나 3명은 치료비가 없어 잃어야

만 했다. 25세에 과부가 된 엘자는 가린샤를 알게 되면서 밑바닥 인생에서 벗어나려 애를 썼다. 결국 그들은 결혼했고 열정적인 관계는 20년 가까이 이어졌다.

1983년 1월 21일 아침 6시 가린샤는 세상을 떠났다. 49세의 짧은 생이었다. 사인은 흉부 부종이었으나 그의 뇌, 심장, 허파, 간, 췌장, 콩팥 등 내장 기관은 부분부분 알코올로 상해 있었다. 그토록 명성을 떨쳤던 가린샤는 가난과 외로움 속에 숨을 거두었다. 엘자 소아레스는 그의 죽음을 이렇게 이야기했다.

"가린샤는 매우 온순하고 훌륭한 사람이었습니다. 그는 정말로 축구를 사랑했고 어린애처럼 순진해 팀에서도 인기가 높았지요. 가린샤는 브라질 최고의 축구 선수였으니 마지막도 그 명성에 걸맞은 것이었으면 하는 아쉬움이 남습니다."

퇴장당하고도 다음 경기에 나간 가린샤

가린샤는 퇴장당하고도 다음 경기에 출전했다. 이런 경우는 월드컵의 역사에서도 단 한 번뿐이다. 1962 칠레월드컵 때 브라질의 가린샤는 4강전 칠레와의 경기에서 상대 수비수 로하스를 걷어차서 퇴장당했다. 당연히 가린샤는 다음 경기인 결승전 체코슬로바키아와의 대결에 나갈 수 없게 됐다. 그러나 브라질 축구협회는 물론 네베스 브라질 총리까지 나서서 FIFA와 칠레월드컵조직위원회, 심지어 결승 상대인 체코슬로바키아까지 설득시켜 결국 가린샤는 결승전에 나가게 된다.

브라질 측은 "가린샤는 지금까지 단 한 번도 퇴장당한 일이 없는 매우 모범적인 선수이므로 이번만은 너그럽게 용서하고 다음 경기에 출전토록 해달라"라고 관계 기관을 설득했다. 하지만 사실은 가린샤는 그때까지 이미 세 차례나 퇴장당한 적이 있었다. 아무튼 이 일로 유명해진 가린샤는 퇴장 선수의 상징적 존재가 되어 월드컵이 존속하는 한 길이길이 불명예 클럽에 그 이름을 남기게 됐다.

이전에도 심한 반칙을 저지른 선수에게는 경고와 퇴장 제도가 있었으나 옐로카드(경고)와 레드카드(퇴장)가 등장한 것은 1970 멕시코월드컵부터다. 그 전 대회인 1966 잉글랜드월드컵이 심한 태클로 얼룩졌기 때문에 취해진 조처였다. 잉글랜드월드컵에서는 심한 태클로 부상을 입어 경기에서 빠지게 된 브라질의 펠레가 "공이 아닌 사람을 걷어차는 월드컵에는 두 번 다시 출전하지 않겠다"라고 말했을 정도다.

가린샤에게서 유래한 '가린샤클럽'
: 베컴, 마라도나, 하석주도 가입

공식적으로 '가린샤클럽'이란 모임은 존재하지 않는다. 월드컵에서 반칙 퇴장당한 선수들의 무리를 야유하느라고 붙여진 명칭이다. 월드컵에서의 반칙 퇴장은 1930 우루과이월드컵부터 있었다. 이때 페루와 루마니아의 경기에서 페루의 수비수 카사스가 상대 선수인 슈타이너의 다리를 걷어차서 반칙 제1호가 됐다. 첫 대회부터 퇴장 선수가 나왔는데도 퇴장 선수들의 집단을 '가린샤클럽'이라 부르게 된 것은 그들 가운데 가린샤가 가장 유명했기 때문이다.

가린샤클럽 회원 가운데는 세계적으로 이름난 선수들도 적지 않다. 1982 스페인월드컵 2차 리그에서 아르헨티나의 마라도나는 브라질 선수를 걷어차서 퇴장당했다. 마라도나가 성숙한 플레이로 아르헨티나를 우승으로 이끈 것은 그가 25세가 된 1986 멕시코월드컵에서였다. 1998 프랑스월드컵 16강전에서는 잉글랜드의 베컴이 아르헨티나의 시메오네를 살짝 걷어차서 퇴장당하고 말았다. 프랑스월드컵에서는 한국의 하석주도 가린샤클럽에 회원으로 등록했다. 1차 리그 E조 멕시코와의 경기에서 하석주는 뒤로부터 멕시코 선수에게 태클을 걸었다가 퇴장당했다. 2002 한일월드컵 1차 리그 D조 마지막 경기에서는 포르투갈의 주앙 핀투가 한국의 박지성에게 위험한 태클을 걸었다가 퇴장당했다. 한일월드컵 16강전 한국과 이탈리아와의 연장전에서는 이탈리아의 토티가 할리우드 액션을 펼쳐 두 번째 경고를 받고 퇴장당했다.

 # 흑표범 에우제비우와 북한

포르투갈 식민지 모잠비크에서 태어나다

1960년 12월 크리스마스를 일주일 앞두고 포르투갈의 수도 리스본에 오랜 여행 끝에 피로가 쌓인 소년이 찾아왔다. 너무나 가난한 탓에 8명의 형제가 침대 하나밖에 없는 집에서 살아온 에우제비우 다 실바 페헤이는 보잘것없는 작은 호텔의 후줄근한 침대에서라도 혼자서 잘 수 있다는 점에서 크게 만족했다. 에우제비우는 포르투갈의 식민지 모잠비크가 고향이었다. 포르투갈의 축구 클럽 벤피카 리스본으로부터 재능을 인정받아 벤피카 리스본에 왔다. 당시 유럽 선수권을 차지한 벤피카가 남미 챔피언인 페냐롤과 겨루어 세계 으뜸이 되기를 열망한 벨라 구트만 감독은 세 번째 경기에서 에우제비우를 기용했다. 열광적인 관중의 환호를 듣자 에우제비우는 몸이 떨리는 흥분을 느꼈다. 에우제비우의 스피드와 파워가 폭발했다. 이 경기에서 벤피카는 상대 팀에게 페널티킥을 포함해 2골을 빼앗겨 졌으나 벤피카의 신예 에우제비우의 이름은 외신을 타고 온 세계에 퍼져나갔다.

에우제비우는 1966 잉글랜드월드컵 득점왕이 될 정도로 뛰어난 선수였다. 1977년 미국 리그에서 활약하던 시절의 에우제비우(오른쪽), 펠레(왼쪽)와 브라이언 조이(가운데).

에우제비우는 1945년 1월 15일 로렌수 마르케스(오늘날의 마푸투)에서 태어났다. 당시의 모잠비크 국민은 포르투갈에 착취당해 가난하게 살았고 에우제비우의 가정도 마찬가지였다. '축구의 신' 펠레가 그랬던 것처럼 여덟 살이 된 에우제비우에게도 축구를 한다는 것은 꿈속의 꿈일 수밖에 없었다. 그래서 친구들과 팀을 만들고 내기 축구를 시작해서 연거푸 이겨 나갔다. 1966년 기다리고 기다렸던 세계 대회 출전은 잉글랜드월드컵에서 이루어졌다. 이때 에우제비우는 검은 피부로 인해 '흑표범'이라 불렸다. 에우제비우는 마음이 복잡했다. 월드컵에 나가는 것은 영예이지만 자기 나라를 식민지로 만든 포르투갈을 대표하는 것은 꺼림직했다. 모잠비크가 오랜 해방 투쟁의 결과 독립을 쟁취하게 되는 것은 1975년의 일이다. 월드컵이 개막되자 에우제비우에 대한 기대와 격려는 대단했다. 그는 최선을 다할 수밖에 없었다.

에우제비우가 없었다면
1966 잉글랜드월드컵에서 북한은 준결승까지 갔을 수도

1966 잉글랜드월드컵 1차 리그 헝가리전에서는 포르투갈이 3골을

넣었으나 에우제비우는 무득점이었다. 팀 동료들은 골을 넣지 못하는 에우제비우를 놓고 '식민지 출신을 팀에 넣는 것은 적절치 않았다'라며 비난했다.

포르투갈은 불가리아전에서 3:0으로 이겼다. 1차 리그 마지막 상대는 3연패를 노리는 브라질이었다. 당연히 브라질이 유리하다고 예상했으나 펠레의 부상으로 팀워크가 흐트러진 브라질에 에우제비우가 골을 넣어 포르투갈이 승리했다. 8강전의 상대는 북한이었다. 1차 예선에서 이탈리아를 1:0으로 물리쳐 세계를 놀라게 한 북한은 '동양의 신비'라는 별명 그대로, 경기가 시작되자 1분, 2분, 4분에 잇따라 골을 넣어 관중을 경악시켰다. 단숨에 3:0으로 북한이 리드했다. 그러나 에우제비우는 '아직 시간은 충분히 있다'라고 여기며 초조해하지 않았다.

에우제비우가 공격진의 맨 앞에 나섰다. 원톱 전술을 쓴 포르투갈은 27분에 호러스의 슛으로 1점을 비롯해, 전반 종료 직전 2:3으로 따라붙은 포르투갈은 56분에 에우제비우가 또 한 골을 넣어 3:3으로 동점을 만들었다. 북한은 조급한 나머지 에우제비우를 향해 통한의 파울을 범한다. 에우제비우가 이 파울로 얻은 PK를 깨끗이 넣었다. 이로써 포르투갈은 5:3이라는 대역전극을 실현시키며 4강전에 올랐다.

준결승의 상대는 무슨 일이 있어도 우승해야겠다고 달려드는 잉글랜드였다. 에우제비우는 잉글랜드와의 경기에서의 골을 포함해 모두 아홉 골을 넣어 1966년 월드컵의 득점왕이 되었다. 그는 그 뒤 무릎 부상 탓에 선수로도 뛰지 못하게 되었으며, 사업에 실패해 빚을 지는 등 어두운 말년을 보냈다.

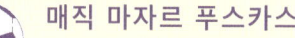 ### 매직 마자르 푸스카스

1960년대 초반까지 세계 축구의 3강은 브라질 대표팀, 헝가리 대표팀, 스페인의 단일팀인 레알 마드리드였다. '매직 마자르'(마법의 팀)라고 불렸던 헝가리에는 뛰어난 선수가 많았지만, 그 가운데서도 대표적인 존재는 페렌츠 푸스카스다. 한국은 1954 스위스월드컵에 첫 출전하면서 예선 그룹에서 마주친 헝가리에게 0:10이라는 초유의 실점을 당하게 된다. 푸스카스는 1949년 31골, 1950년 25골을 올리면서 전설을 쌓아나갔다. 1954 스위스월드컵에서는 헝가리가 강력한 우승 후보로 꼽혔으나 운 나쁘게도 약체로 꼽혔던 서독에게 우승을 빼앗기고 말았다.

헝가리는 1952 헬싱키올림픽에서 금메달을 거머쥐었다. 먹고 살기 힘들었던 공산주의 치하에서 벗어나 푸스카스를 비롯해 몇몇 헝가리 선수들이 망명했다. 푸스카스는 결국 FIFA의 출전 금지 처분을 받아 2년 동안 경기에 못 나갔으나 금지 처분이 해제되자 레알 마드리드에 들어가 아르헨티나의 영웅 디 스테파노와 발을 맞추어 전설을 쌓아 갔다.

월드컵 다섯 차례 출전한 홍명보와
그의 우상 프랑코 바레시

홍명보는 역대 아시아 선수로는 월드컵에서 가장 뛰어난 활약을 보인 선수로 평가받았다. 그는 2006 독일월드컵에는 코치로 참가했다. 한국 대표팀의 공식 구성원으로서 5회 연속 월드컵 무대를 밟았다. 1990 이탈리아월드컵을 처음으로 2002 한일월드컵까지 선수로서는 4회 연속 월드컵에 출전했다.

1990년 노르웨이와의 친선 경기에 홍명보는 처음 국가 대표로 선발된 뒤 FIFA 공인 국가 대표팀 대항전인 A매치 출전 135회를 기록했다. 일본과 미국의 프로 축구에서도 활약한 그는 2004년 선수 생활에서 은퇴했다.

20세기를 빛낸 한국 축구 스타
일본의 가장 큰 스포츠 전문 출판사인 베이스볼 매거진사는 20세기 스포츠를 돌아보며 《축구 영웅들의 세기》라는 책을 냈다. 축구사에 길이 남을 월드 스타를 다룬 이 책은 차범근, 최순호, 김주성, 홍명보 등 4명의 한국 선수들도 간략하게 다음과 같이 소개했다.

차범근: 한국 축구계의 슈퍼스타로 높이와 스피드를 살려 독일의 분데스리가에서 10년 동안 활약했고 1985년에는 그해의 최우수 선수로 뽑혔다. 유럽에서의 빛난 성공으로 20세기 아시아 으뜸의 축구 선수로 평가된다.

최순호: 차범근의 뒤를 잇는 한국 굴지의 스트라이커로 체력이 뛰어나고 플레이가 다채로웠다. 월드컵에도 두 차례 출전했고 1986 멕시코월드컵 이탈리아와의 경기에서는 호쾌한 슛을 성공시켰다. 경험을 쌓고 난 뒤에는 한걸음 뒤로 물러나 공격을 지휘했다.

김주성: 아시아에 이름을 떨친 선수로 긴 머리가 이채로웠고 전성기에 왼쪽 사이드를 도려내는 파괴력은 열강들을 떨게 했다. 1980년대 후반부터 아시아 최고의 선수로 군림한 김주성은 1986 멕시코월드컵부터 월드컵에 3연속 출전했다. 은퇴를 앞두고 리베로로도 활약했다.

홍명보: 역대 아시아 최고의 리베로. 20세 때 월드컵에 첫 출전했고 1994 미국월드컵에서 독일과의 경기에서 성공시킨 중거리 슛은 지금도 이야깃거리가 되고 있다. 아시아 선수로는 세계 선발군에 늘 뽑히는 존재다.

세계가 알아주는 리베로 홍명보

2002 한일월드컵에서 한국은 1차 리그 3경기로부터 4강전까지의 6경기에서 단 3골을 잃었을 뿐이다. 이탈리아와의 16강전, 스페인과의 8강전, 두 차례의 연장전으로 체력이 바닥이 난데다 독일과의

2002 한일월드컵 한국-스페인 8강전에서 연장 승부차기에서 마지막 결정골을 성공시킨 홍명보 선수가 환호하고 있다. (사진 연합뉴스)

4강전에서 단 한 골 차로 결승 진출이 좌절된 한국은 진이 빠질 대로 빠진 상태에서 튀르키예와 3·4위전을 치르고 2:3으로 패했다.

그러나 4강전까지의 한국 수비진은 그야말로 철벽이었다. 위기를 맞이하면 공격진까지 수비에 가담했고 수비진은 정력적으로 부지런히 움직였으며 골키퍼 이운재는 눈부신 선방으로 한국 골을 지켰다. 우승 후보 이탈리아와 독일 그리고 복병 미국에게 각각 한 골씩밖에 내주지 않았고 역시 우승 후보로 꼽혔던 포르투갈과 스페인, 또 날카로운 공격으로 이름난 폴란드에 무실점을 기록했다.

한국 축구가 연주한 무게 있는 수비 교향곡의 지휘자는 홍명보였다. 명지휘로 한국의 실점을 최소한으로 막아 낸 공로를 인정받아 홍명보는 세계의 축구 기자와 FIFA가 공동으로 뽑은 최우수 선수 투표에서 108표를 얻어 브론즈볼을 받았다. 1위인 골든볼은 독일을 준우승시키는 데 크게 공헌한 골키퍼 올리버 칸이 147표, 2위인 실버볼은 브라질의 에이스 스트라이커 호나우두가 127표로 받았다. 그러니까 한일월드컵에서 홍명보는 세계에서 가장 위대한 선수 가운데 3위를 차지한 것이다.

영국의 로이터통신은 한일월드컵의 베스트 일레븐(11)에 홍명보를 넣었다. 2004년 3월에 FIFA는 창설 100주년을 기려 '세계 100인의 축구 선수'를 선정했는데, 그 가운데 홍명보가 들었다.

축구계에서 가장 권위를 인정받는 잡지 〈프랑스 풋볼〉이 1956년부터 선정하고 있는 발롱도르(유럽 연간 최우수 선수)를 살펴보아도 수비수가 뽑힌 적은 그리 많지 않다. 1972년과 1976년에 서독의 리베로 베켄바워, 1963년 소련의 골키퍼 레프 야신 등의 이름이 눈에 띌 정도다. FIFA가 1982년부터 세계 각국의 대표팀 감독들의 투표로 선정하는 세계 연간 최우수 선수도 공격수가 아닌 수비수로 표창받은 것은 1994년의 파올로 말디니(이탈리아) 정도다.

화려한 활약으로 눈길을 끄는 공격수와 달리 수비수는 소속팀의 승리에 결정적으로 이바지해도 팬들이나 언론의 관심을 끌기가 쉽지 않다. 홍명보는 수비수인데도 역대 그 어느 한국 선수보다 FIFA와 외국 언론으로부터 그 능력을 가장 높이 평가받았다. 그의 은퇴 발표가 있자 미국의 AP통신이 "세계적인 축구 선수의 은퇴"라고 온 세계에 알린 것도 당연한 일이다.

상대 공격진의 의도를 꿰뚫어 보아야

사람들은 홍명보를 '영원한 리베로'라 부른다. 리베로란 이탈리아어로 '자유로운 사람'이란 뜻이다. 수비(DF) 라인의 최후방에서 수비를 통솔하는 한편 공을 빼앗으면 공격의 조직화에도 참가하는 포지션이다. 리베로는 상대 팀의 공격이나 경기의 흐름을 읽을 수 있는 능력을 지닌 데다 임기응변의 술책에도 뛰어나야 한다. 예컨대 상대 팀의 공격수가 스피드를 타고 드리블을 치고 들어오면 이쪽 팀의 수비진은 순간순간 변화하는 상황을 파악하면서 모든 정보를 바탕으로 플레이를 선택해 나가야 한다. 상대 팀의 공격수는 주로 어느 쪽의 발을 잘 쓰는지? 어떤 플레이를 잘하는지? 또 어느 정도의 스피드를 지니고 있는지? 게다가 함께 나란히 달려 들어오는 다른 공격수의 위치와 특징, 당장 수비에 투입할 수 있는 자기 팀 선수들의 위치 등을 종합해 그 시점에서의 플레이를 순간적으로 리베로는 판단해야 한다.

골까지 거리가 있다 해서 무턱대고 튀어 나갔다가 돌파당하면 오히려 실점의 위험이 높아질 수 있으니 상대 팀 공격수와 일정 거리를 유지하면서 드리블의 스피드를 떨어뜨려 자기 팀 선수들이 수비에 가담할 수 있는 시간을 벌어야 할 때도 있다. 상대가 오른발을 잘 쓰는 공격수라면 자신의 오른쪽으로 모는 것이 좋을지도 모른다. 혹은 드리블해 들어오는 선수보다 나란히 달려들어 오는 상대 선수로부터 공을 빼앗는 것이 쉽다면 드리블해 들어오는 선수가 옆 선수에게 패스를 내보낼 수밖에 없게 만드는 것이 좋다.

경우에 따라 일부러 파울을 저지르기도

자기 팀 선수들이 피곤해 있어 일단 플레이를 중단하는 것이 바람직하다 싶으면 슬라이딩 태클로 공을 밖으로 내보내는 선택도 있다. 또 의도적인 파울로 막아 내는 것이 위기를 벗어나는 길인 경우도 있다. 남은 경기 시간 그리고 그 시점에서의 득실점 차, 경기의 흐름에 따라 여러 가지 선택이 있을 수 있다.

홍명보는 바로 이런 판단력이 뛰어났다. 경기 도중 당황해서 태클에 들어가는 추태를 드러내는 일은 거의 없었다. 2002 한일월드컵 때 일본의 전 대표팀 감독 가모 슈는 홍명보에 대해 이렇게 이야기했다.

"히딩크 감독의 가장 큰 히트는 베테랑 홍명보를 다시 대표팀에 불러들인 일이다. 경기 중의 피치(축구 경기장)에 홍명보라는 자신의 검지를 지닌 효과는 크다. 한국의 수비는 공을 지니고 있는 상대 선수를 2~3명이 재빨리 둘러싸지만 무턱댄 움직임은 아니다. 홍명보는 압박을 가할 것인지 기다릴 것인지를 판단하고 자기 팀 전원을 장악해 움직이게 하고 있다. 공격도 한국은 이전부터 스피드는 있었다. 그러나 지금은 상대가 뒤로 빠지면 공을 천천히 돌리면서 기회를 노린다. 이 변화는 히딩크 감독의 지도력에 홍명보의 통솔력이 보태진 결과다."

1994 미국월드컵에서 찬란했던 리베로

어떻게 보면 홍명보가 가장 주목을 받았던 월드컵은 1994 미국월드컵이었을 것이다. 그해 6월 17일 미국월드컵이 막을 올린 첫날, 텍사스주 댈러스의 코튼볼 경기장에서 1차 리그 C조 한국과 스페인은 엄청난 무더위에서 서로 죽을힘을 다해 싸우고 있었다. 그해 미국은 예년에 없었던 무더위에 시달렸다. 섭씨 40도를 오르내리는 이상 고온이었다. 그러나 한국 팀은 이 무더위를 유리한 조건으로 여겼다. "유럽에서는 기온이 선선한 야간 경기가 많아 유럽 선수들은 무더위 속에서 경기를 치러 본 경험이 거의 없다. 섭씨 40도의 무더위에 익숙해지려면 단 몇 주 동안의 현지 적응으로는 어렵다"라고 하석주는 그때를 돌이켰다.

그러나 스페인은 전반 25분 고정운에게 저지른 반칙 탓에 수비 핵심인 미켈 앙헬 나달이 퇴장당했으나 '무적함대'의 저력을 나타내 후반 들어 한국 수비의 허를 찔러 2골을 올렸다. 홍명보는 그날의 경기를 이렇게 돌이켰다.

"아마도 스페인에게 2점을 빼앗겼을 때 아무도 한국이 이 상황을 뒤집거나 따라붙을 것이라고 생각하지 못했을 것이다. 그러나 그라운드에 있었던 우리는 달랐다. 우리에게는 승산이 있었다. 나달이 빠지면서 스페인은 한 명이 줄었기 때문에 우리보다 많이 움직여야 했다. 우리는 반드시 스페인의 움직임이 둔해질 때가 올 것이라 내다보았다."

경기 종료 6분을 남기고 홍명보가 그림 같은 프리킥을 스페인 골에 꽂았다. 홍명보의 득점은 한국 팀의 사기를 한껏 드높였다. 경기 종료 직전에는 서정원이 한국을 패배에서 건져 내는 동점 골을 성공시켰다. "비기면 이긴 것이나 마찬가지"라던 스페인과 비긴 것이다.

한 월드컵에서 두 골 넣은 홍명보

당시 김호 감독은 비교적 약체인 볼리비아를 꺾고 강호 스페인과

> 2002 한일월드컵 8강전에서 홍명보가 스페인 선수와 공을 두고 경합을 벌이고 있다. (사진 연합뉴스)

독일에는 1무 1패를 기록하면 1승 1무 1패로 16강전에 오를 기회가 있을지도 모른다고 생각했다. 두 번째 경기는 6월 23일 매사추세츠 주 폭스보로시의 폭스보로 경기장에서 볼리비아를 상대로 열렸다. 하지만 볼리비아와의 경기에서는 우세하게 끌고 나갔으나 득점 없이 비기고 말았다.

마지막 경기인 독일과의 대결은 6월 27일 다시 댈러스의 코튼 볼 경기장에서 열렸다. 이날도 기온이 섭씨 40도를 넘었다. 독일은 찌는 듯한 무더위를 무릅쓰고 초반부터 무서운 공세를 폈다. 독일은 전반에만 클린스만이 2골, 리들레가 1골, 모두 3골을 넣어 절대적인 리드를 잡았다. 그러나 스페인과의 경기에서 보여 주었던 한국의 끈질김은 독일과의 대결에서도 나타났다. 후반전 들어 반격에 나선 한국은 정력적으로 움직이면서 독일 골을 향해 달려 들어갔다. 거친 물결처럼 밀려 들어오는 한국 선수들의 공격을 막아 내면서 독일의 골키퍼 일그너는 "한국은 어떻게 이토록 강할 수 있을까?"라고 감탄했을 정도다. 줄기찬 한국의 공격을 막으려다 월드컵 출전 네 차례의 노장 마테우스가 퇴장당하자 독일은 흔들리는 듯 보였다. 후반 6분 황선홍이 첫 골을 올렸고 후반 18분 홍명보가 20m가 넘는 통쾌한 중거리 슛을 성공시켜 2:3, 한 골 차로 따라붙었다. 그래도 독일은 끝까지 한 골 차를 지켜 3:2로 승리했다.

월드컵 전문가로 꼽히는 브라이언 그랜빌 기자는 독일이 어찌나 힘겨운 승리를 거두었는지를 자신의 책 《월드컵 이야기 *The Story of the World Cup*》에 "독일은 댈러스에서 한국의 추격으로부터 겨우 도망쳤다"라고 썼다. 2006년 독일 대표팀의 감독이었던 위르겐 클린스만은 미국월드컵에서의 한국-독일전을 이렇게 회고했다. "미국월드컵에서 한국과 독일의 경기는 경기 시간이 5분만 더 길었으면 한국이 동점 골을 넣어 비겼을 것이다." 한일월드컵 4강전에서 독일이 한국을 무척 경계하고 선제골을 올리자 완전히 수비를 굳힌 것은 미국월드컵에서 한국에게 혼이 난 경험이 있기 때문으로 풀이된다.

미국월드컵에서 홍명보는 강호 스페인과 독일을 상대로 각각 1골씩을 넣어 한 월드컵에서 2골을 넣은 최초의 한국 선수가 됐다. 이 월드컵에서 한국이 올린 골은 모두 4골이다. 그 가운데 수비수인 홍명보가 2골을 넣은 것이다. 한일월드컵에서는 안정환이 미국과 이탈리아로부터 각각 1골씩 뽑아내 홍명보에 이어 한 월드컵에서 2득점을 기록한 두 번째 한국 선수가 됐다.

미국월드컵에서 한국은 1차 리그를 통과하지 못했기 때문에 경기는 세 차례밖에 갖지 못했다. 단 세 차례의 경기에서 세계적인 강호 스페인과 독일을 상대로 2골을 기록한 것은 세계 정상급 스트라이커 수준이라고 할 수 있다. 홍명보가 태극기를 달고 뛴 경기는 모두 135차례, 그러나 수비수인 탓에 그가 넣은 골은 단 9골에 지나지 않지만 그 가운데 2골이 월드컵에서 나왔으니 대단한 일이다.

홍명보의 우상 프랑코 바레시

거의 모든 스포츠 선수는 우상이 있다. 복싱 같으면 헤비급의 무하나드 알리(미국), 미들급의 슈가 레이 로빈슨(미국), 축구 같으면 펠레(브라질), 마라도나(아르헨티나) 같은 위대한 선수들이 우상으로 꼽힌다.

홍명보의 우상은 같은 축구 선수지만 스트라이커가 아니라 자신과 포지션이 같은 리베로인 이탈리아의 프랑코 바레시다. 바레시가 어떤 선수인가를 밝히는 에피소드가 있다. 미국월드컵에서 바레시는 온 세계를 감동시키고 월드컵 역사에 길이 남을 투혼을 보였다. 1차 리그 E조의 이탈리아는 비실대고 있었다. 첫 경기에서 아일랜드에게 불운의 한 골을 빼앗겨 패배해 출발이 좋지 않았다.

이탈리아는 두 번째 경기인 노르웨이와의 대결에서는 골키퍼 잔루카 팔리우카가 퇴장당했다. 골키퍼를 빼놓고는 싸울 수 없어 아리고 사키 감독은 눈물을 머금고 에이스 스트라이커인 로베르토 바조를 빼버리고 후보 골키퍼인 루카 마르케자니를 투입할 수밖에 없었다. 게다가 후반에는 주장이자 수비의 핵심인 바레시가 무릎 부상으로 교체되는 등 혼란에 빠졌으나 다행히 디노 바조가 헤딩 슛을 성공시켜 간신히 1:0 승리를 건졌다. 세 번째 경기에서 이탈리아는 멕시코와 1:1로 비겨 결국 4팀이 모두 똑같이 1승 1무 1패 동률이 됐으나 골득실차로 이탈리아는 힘겹게 16강전에 올랐다.

그 시점에서 이탈리아가 결승전까지 진출할 수 있으리라고 생각한 사람은 이탈리아 선수들까지 포함해 아무도 없었다. 그러나 "초반에 부진할 때 이탈리아는 가장 강하다"라는 징크스가 있다. 이탈리아는 나이지리아와의 16강전, 스페인과의 8강전, 불가리아와의 4강전을 모두 한 골 차이 2:1로 아슬아슬하게 이기고 초반 부진을 이겨 내고 결승전까지 진출했다.

포기할 줄 모르는 바레시의 투혼

7월 17일 로스앤젤레스 근교 패서디나 로즈볼 경기장을 메운 9만 명이 넘는 관중은 브라질과 대결하는 결승전에서 이탈리아의 전열에 바레시가 복귀한 것을 보고 깜짝 놀랐다. 6월 23일 노르웨이와의 경기에서 무릎 부상을 입은 바레시는 귀국하지 않고 뉴욕의 병

홍명보의 우상인 이탈리아의 프랑코 바레시는 1994 미국월드컵에서 부상을 이겨 내고 마지막 경기인 결승전에 나가 막강 브라질의 공격을 120분 동안 무실점으로 막아 냈다. 당시 브라질 공격수 호마리우를 막아 세우고 공을 걷어 내려는 바레시.

원에서 수술을 받아 결승전에 모습을 나타낸 것이다. 그것도 빠른 회복을 위해 절개 수술을 받지 않고 내시경을 이용한 수술을 받았다. 그러나 순조롭게 회복이 된다 해도 결승전에 출전하기에는 너무나 시간이 촉박했다. 그리고 무엇보다도 1차 리그를 치르고 있던 시점에서 부진하던 이탈리아가 결승에 오르리라고 생각해서 바레시는 수술을 받은 것일까? 아마도 대부분은 수술받아야 할 정도의 무릎 부상을 입었다면 남은 경기는 단념하고 서둘러 귀국해서 치료받아 다음 시즌에 대비했을 것이다. 오히려 그것이 현실적인 선택이라고 할 수 있다.

그러나 바레시는 부상을 입자마자 수술과 트레이닝을 함께 시작했다. 비록 팀의 상태가 최악이었던 그 시점에서도 확률은 낮을지 모르나 이탈리아의 결승 진출 가능성을 포기하지 않았다. 그의 집념이 놀랍다. 바레시는 부상으로부터의 기적적인 복귀뿐 아니라 결승전에서의 눈부신 활약으로 세계의 축구 팬들을 또 한 번 놀라게 했다. 4강전에 이르기까지 6경기에서 이탈리아가 무실점으로 상대 공격진을 누른 것은 바레시가 부상을 입은 노르웨이전 한 경기뿐이다. 4강전에서 불가리아와 대결했을 때는 로베르토 바조가 전반 22분까지 2골을 올려 불가리아의 추격을 2:1로 뿌리쳤으나 다른 경기에서는 상대 팀에게 선제골을 빼앗기거나 동점 골을 허용하는 등 살얼음을 밟는 듯한 고전의 연속이었다.

하지만 바레시가 돌아온 결승전에서 이탈리아의 수비진은 이 대회에서 가장 강력하다는 브라질의 공격을 120분 동안이나 무실점으로 막아 냈다. 특히 호마리우의 드리블 코스를 미리 완전히 예측한 바레시는 어떤 슛도 그 코스를 몸으로 막아 냈다. 호마리우가 좌우로 흔들면서 빠지려 해도 슛 코스에는 언제나 바레시가 버티고 있었다. 34세의 바레시는 5~6년 전 같지는 않았다. 바레시는 스위퍼의 위치로부터 좌우 터치라인까지 폭넓은 운동량을 소화한 바 있었다. 그러나 부상을 입고 수술까지 한 상태에서 그렇게 격렬하게 움직일 수는 없었다. 그 대신 바레시는 수비진을 완전히 장악하고 지휘함으로써 브라질의 공격을 효과적으로 차단했다.

1차 리그에서 결승전까지의 일곱 경기에서 브라질이 단 1골도 넣지 못한 것은 바레시가 낀 이탈리아와의 결승전 단 한 경기뿐이었다. 0:0 무승부로 들어간 연장전 끝에 치러진 PK전에서 이탈리아는 공교롭게도 공격의 핵심 로베르토 바조, 브라질의 공격을 무력화시킨 수비의 사령탑 프랑코 바레시 그리고 다니엘레 마사로가 실축하는 바람에 2:3으로 져서 브라질에게 우승을 넘겨주었다. PK전에서 지기는 했으나 이 결승전의 영웅은 부상에서 재기해 베베투, 호마리우 등 세계 최강의 공격력을 자랑하던 브라질을 120분 동안 무실점으로 막아 내는 데 크게 이바지한 이탈리아의 바레시였다.

바레시와 닮은 집념의 홍명보

바레시는 부상 탓에 미국월드컵 결승전에 못 나갈 뻔했지만 홍명보는 하마터면 한일월드컵 한국 대표팀에 끼지 못할 뻔했다. 홍명보는 2001년 8월 왼쪽 정강이에 피로골절 부상을 입었다. 한국 대표팀과 소속 팀인 일본 J리그의 가시와 레이솔을 오가면서 강도 높은 훈련으로 피로가 쌓여 부상으로 이어진 것 같다. 1969년 2월생인 홍명보는 2002년 당시 32세였는데 일부에서는 "홍명보는 나이 들어 이제 별 쓸모가 없다"라는 이야기까지 나왔다.

홍명보는 '우리나라에서 열리는 월드컵에 못 나가면 어쩌나'라는 초조감 속에 치료에 힘썼다. 홍명보의 고정 위치나 다름없던 리베로에는 홍명보보다 열 살이나 아래인 송종국이 스피드와 유연성을 무기 삼아 급성장하고 있었다. 하지만 그때 한국 팀의 사령탑인 히딩크 감독은 안정되지 못한 수비진에 골머리를 앓고 있었다. 그렇지 않아도 골 결정력이 약한 한국 팀에게 수비진의 불안은 치명적인 결함이 아닐 수 없었다.

2002년 2월 말 미국에서 열린 골드컵대회에서 한국 팀의 수비가 무너져 성적이 부진했다. 황선홍은 히딩크 감독에게 "홍명보를 대표팀에 복귀시켜야 됩니다"라고 강력히 건의했다. 1990 이탈리아 월드컵부터 홍명보와 함께 대표팀에 뛰어온 황선홍은 홍명보가 한국 팀에 매우 필요한 수비의 핵심임을 잘 알고 있었다. 부상에서 회복한 홍명보는 2001년 12월 포항스틸러스로 복귀해 2002년 1월부터 경기장에 모습을 나타냈다. 그러나 그때만 해도 히딩크 감독은 홍명보의 대표팀 복귀에 선뜻 마음이 내키지 않았다. 홍명보가 부상에서 얼마나 빨리 회복할지도 의문이었지만 한국 축구의 고질적인 약점 가운데 하나로 절대적인 선후배 관계를 꼽고 있던 히딩크 감독은 노장 홍명보의 복귀가 자칫 대표팀 내부의 분위기를 딱딱하게 만들지 않을까 염려했던 것 같다. 그러나 히딩크 감독에게나 한국 팀에게 남은 시간은 얼마 없었고 대안도 없었다.

드디어 히딩크는 3월의 유럽 원정을 앞두고 홍명보를 대표팀에 불러들였다. 복귀 명령이 내려졌을 때 홍명보는 이것이 자신에게 주어진 마지막 기회임을 잘 알고 있었다. "벤치에서도 내가 할 수 있는 일은 있다. 그러나 젊은 선수들과 정정당당히 겨루어 내 포지션을 되찾고 싶었다"라고 홍명보는 말했다. 충분한 휴양으로 몸과 마음을 충실하게 회복한 홍명보는 뛰어난 활약으로 히딩크와 동료들도 신뢰를 되찾을 수 있었다. 튀니지, 핀란드, 튀르키예 등과 세 차례의 경기에서 홍명보가 지휘를 맡은 수비진은 무실점을 기록해 팀에 안정감을 가져왔고 히딩크의 고민 하나를 해결해 주었다.

홍명보가 되찾은 것은 포지션뿐만이 아니었다. 월드컵 개막을 앞두고 주장으로 지명된 것이다. "홍명보는 위대한 선수다. 수비진을 안정시키고 카리스마도 지니고 있다"라고 엄지를 세워 보이며 히딩크는 홍명보에 대한 두터운 신임을 나타냈다. 홍명보는 수비의 핵심일 뿐 아니라 공격진이 위축되어 있을 때는 과감하게 전방으로 나가 통쾌한 중거리 슛을 날려 상대 팀의 기를 죽이고 팀의 사기를 높이기도 한다.

웃을 때는 그렇지 않지만 홍명보는 때때로 매서운 눈초리를 보인다. 그래서 그가 활약했던 일본에서는 축구 기자들 사이에 "홍명보가 외국의 공항에서 히트맨hit man(킬러)으로 오인받았다"라는 소문이 나돌기도 했다. 일본에서는 히트맨을 주인공으로 삼은 TV 시리즈 〈고르고13〉이 인기를 끌었던 적이 있다. 홍명보는 바로 '고르고13'의 눈을 가진 사나이라고 기자들이 기사에 쓰기도 했다. 그러고 보면 홍명보는 월드컵 4강을 쏘아 맞춘 한국 축구의 히트맨인지도 모른다. 부상을 입고도 끝까지 희망과 용기를 잃지 않고 월드컵에 온 정열을 불태웠다는 점에서 홍명보는 그의 우상 바레시와 맥이 통하는 셈이다.

# 호나우지뉴는 왜
경기 중에도 웃을까

브라질의 호나우지뉴처럼 잘 웃는 선수는 드물 것이다. 집중력을 잔뜩 긴장해야 할 경기 중에도 웃고 있으니 말이다. 호나우지뉴는 스페인 바르셀로나 소속이던 2005년도 유럽 연간 최우수 선수로 뽑혔고 2006 독일월드컵에서 가장 강력한 득점왕 후보로 지목되었다. 그는 세계에서 가장 주목을 받았던 축구 선수다.

한일월드컵에서 보여 준 놀라운 프리킥

한국 팬들에게 깊은 인상을 준 것은 2002 한일월드컵에서 브라질이 잉글랜드에게 선제골을 빼앗기고 있을 때 호나우지뉴가 보여 준 멋진 플레이였다. 호나우지뉴가 잽싼 드리블을 뚫고 들어가 스루패스를 이어 준 히바우두가 동점 골을 넣어 마음 졸이던 브라질 팬들을 환희로 들끓게 했다. 이어 호나우지뉴는 40m 거리의 프리킥을 잉글랜드의 골에 깨끗이 넣어 세계를 놀라게 했다. 그때도 호나우지뉴는 활짝 웃고 있었다. 믿어지지 않을 만큼 멋진 골이었기 때문에 일부 전문가들조차 "호나우지뉴가 찬 프리킥은 골을 노린 것

호나우지뉴의 웃음은 그가 매우 자유롭게 플레이하고 있음을 나타내는지도 모른다. (사진 연합뉴스)

이 아니라 동료에게 연결하려 했던 것이었으나 공교롭게도 골에 들어갔을 뿐이다"라고 말할 정도였다. 호나우지뉴는 "그것은 분명 골을 노린 슛이었다. 잉글랜드의 골키퍼 시먼이 앞으로 나와 있는 것을 본 주장 카푸가 '골을 노려라'라고 도움말을 주어서 슛을 쏜 것이다. 운도 좋았지만 배짱도 필요했다"라고 말했다.

긴장으로부터 자유로운 호나우지뉴

스포츠계에서는 "경기 중에 웃지 마라"라는 말이 있다. 웃으면 정신력이 해이해져서 경기에 집중할 수 없기 때문이다. 프로 복싱에서는 이런 일이 있었다. 1962년 9월 25일 미국의 '큰 곰'이라 불린 소니 리스턴은 당시의 프로 복싱 헤비급 세계챔피언인 플로이드 패터슨(미국)을 단 1회에 KO로 이기고 타이틀을 차지했으나 1964년 2월 25일 무하마드 알리(미국)에게 1회 KO로 져서 왕좌에서 굴러떨어진다. 이 리스턴이 세계 왕좌에 오르기 전에 마티 마셜이라는 복서와 대결한 적이 있었다. 마티 마셜은 매우 우스꽝스러운 복싱을 했기 때문에 리스턴은 그 모습을 보고 헤벌레 웃다가 마셜의 기습 펀치를 맞고 턱이 부러졌다. 이 일이 있고 난 뒤 리스턴은 절대 경기 중 혹은 경기 전후에 웃지 않았다고 한다.

호나우지뉴가 훈련 때나 경기 중에 웃는 것은 축구를 너무 좋아하고 공 다루기가 너무 재미있어서라는 해석이 가장 유력하다. 호나우지뉴는 상대 수비수를 앞에 놓고 공을 건드리지 않은 채 삼바 춤을 추어 상대 선수의 넋을 빼놓고 슛을 쏘거나 빠져나가 버린다. 그리고 그런 작업이 호나우지뉴는 즐거워 못 견디겠다는 표정이다.

갖가지 페인트를 지닌 호나우지뉴

호나우지뉴가 즐기는 자세로 추구를 하는 것이 그의 플레이를 창조적으로 만드는 데 큰 도움이 된다는 해석도 있다. 경기를 앞두고 준비 운동을 할 때도 다른 선수들은 몸을 펴는 스트레칭을 하기 시작하면 용구 담당자는 호나우지뉴에게만은 공을 건네준다. 호나우지뉴는 공을 다루면서 나름대로 스트레칭도 하고 몸도 푼다.

아마도 호나우지뉴만큼 페인트의 레퍼토리가 다채로운 선수도 없을 것이다. 페인트 가운데 가장 특기는 '엘라스티코'다. 오른발의 아웃사이드로 공을 밖으로 밀어내고 그 동작에 끌려 상대 선수가 체중을 그쪽으로 이동하는 순간, 갑자기 인사이드로 공을 잡고 제쳐 나가 버린다. 호나우지뉴의 동작이 어찌나 빠른지 슬로비디오로나 보지 않으면 알 수가 없을 정도다. 호나우지뉴를 마크한 적이 있는 수비수 한 사람은 고개를 절레절레 흔들며 이렇게 증언했다. "호나우지뉴는 결코 같은 페인트를 연거푸 쓰지는 않는다." 호나우지뉴의 페인트는 그야말로 여러 가지다. 등으로 공을 튕겨 자기 머리를 넘기는 페인트, 또 공을 띄워 상대 수비수의 머리를 넘기는 '솜브레로'도 있다. 브라질의 국내 리그에서 뛰고 있을 때 보여 준 페인트는 슬로비디오로도 되풀이해서 보지 않으면 무슨 일이 일어났는지 알 수 없을 정도의 놀라운 재주였다. 호니우지뉴는 왼발 뒤에 있던 공을 오른발로 다루면서 두 다리를 교차시킨 채 오른발로 공을 살짝 밀어내고 수비수를 제쳐 버렸다. 아마 그때까지 아무도 시도해 보지 않았던 페인트일 것이다. "상대 선수를 놀라게 만들려면 새로운 것을 발명해 낼 수밖에 없다"라며 호나우지뉴는 웃는다.

호나우지뉴는 페인트뿐 아니라 다른 여러 가지 테크닉도 구사한다. 떠서 날아오는 공을 트래핑하는가 하면 갑자기 돌아서서 등으로 공을 자기 팀 선수 발아래에 떨어뜨려 주기도 한다.

어린 시절 애견을 상대로 드리블 훈련

호나우지뉴는 천재로 꼽힌다. 천재로 불리는 선수들은 싫증을 내지 않고 훈련에 열중한다는 공통점이 있다. 어릴 때 공원에서 혼자 밤늦게까지 공 다루기로 시간을 보냈던 잉글랜드의 베컴도 그렇지만 호나우지뉴도 훈련에 싫증을 안 낸다.

어린 시절의 호나우지뉴는 드리블만 하려고 했기 때문에 다른 친구들이 같이 축구 놀이를 하려고 하지 않았단다. 그래서 호나우지뉴는 집에서 기르던 '봉봉'이라는 개를 상대로 드리블 훈련을 했다고 한다. 축구공이 없어 테니스공 같은 것으로 드리블을 하다가 '봉봉'에게 빼앗기면 개가 깨물어 버리는 바람에 공이 터져 버리곤 했다. "봉봉에게 절대로 공을 빼앗기면 안 되니까 정말로 진지하게 여러 가지 페인트를 쓰면서 드리블을 해야 했다"라며 호나우지뉴는 개를 상대로 드리블했던 때를 돌이킨다.

스페인 바르셀로나에 있는 호나우지뉴의 집에는 여러 가지 공으로 가득 차 있다. 축구공은 물론이고 배구공 농구공, 테니스공까지 있다. 호나우지뉴는 여러 공을 다루면서 공에 힘을 가하면 어떤 변화가 일어나는지를 연구한다. 비 오는 날에는 복도에서 테니스공을 드리블하면서 잔재주를 익힌다. 세계 수준의 축구 선수 가운데도 호나우지뉴같이 사는 사람도 그리 많지 않을 것이다. 그래서 바르셀로나 팀의 체력 담당 코치는 호나우지뉴를 '공 중독 환자'라고 놀린다.

다른 사람이 보기에는 즐겁게 보일지 모르지만 호나우지뉴는 하나의 새로운 동작을 자기 것으로 만들기 위해 몇 시간이고 되풀이 훈련한다. 때로는 다른 선수의 사진을 보면서 영감을 얻기도 했다. 호나우지뉴의 등록 상표처럼 되다시피 한 '엘라스티코'는 브라질의 명선수였던 히벨리누의 작품을 모방한 것이다. 하지만 테크닉이 있다 해서 바로 명선수가 되는 것은 아니다. 호나우지뉴의 테크닉을 그대로 구사할 수 있는 선수는 브라질이라면 거리 축구에서도 찾아볼 수 있다. 영국의 축구 칼럼니스트인 사이먼 쿠퍼는 이렇게 썼다.

"호나우지뉴가 뛰어난 것은 페인트를 결과에 연결시킬 수 있는 능력이 있기 때문이다. '엘라스티코'로 상대 선수를 제친 뒤 결정적인 패스를 낼 때가 자주 있다. 게다가 중요한 경기에서 이런 재주를 편다. 바르셀로나의 공격수 가에토는 호나우지뉴의 플레이를 보고 '중요한 것은 배짱'이라는 사실을 배웠다."

"축구를 하고 있을 때는 머릿속에서 음악이 울린다"라고 호나우지뉴는 말한다. "아침부터 밤까지 댄스 음악을 듣고 있으니까 경기상에서도 음악은 이어지고 있다. 즐겁다. 게다가 플레이가 잘 풀리면 더욱 즐거울 수밖에 없다."

④

월드컵
비하인드 스토리

월드컵 축구공 진화 과정
: 축구공과 명플레이의 상관관계

축구공은 끊임없이 진화하고 있다. 고대 이집트, 그리스나 로마 때부터 공을 발로 다루는 게임은 존재했다. 현존하는 가장 오래된 축구공은 BC 2000년쯤 이집트에서 만들어진 것이다. 공의 재료는 나무, 가죽, 파피루스 등이었다. 고대 그리스나 로마에서 발로 공을 다루는 게임은 교육적 목적과 건강을 위해서 많은 사람이 즐겼다. BC 5세기쯤 남성이 여성 앞에서 공 다루는 모습을 새긴 조각이 현재 그리스 아테네의 국립고고학박물관에 전시되어 있다. 중세 이후 유럽 각지에서는 여러 가지 공 게임이 성행했으며 대부분의 경우 소 혹은 돼지의 오줌통을 부풀려 사용하거나 버드나무 가지를 둥글게 엮은 것을 공으로 썼다.

근대 축구의 발상국이라는 영국에서는 1830년 즈음 잉글랜드의 퍼블릭 스쿨이 축구를 정식 체육 과목에 채택한다. 그때까지 거친 서민 스포츠였던 축구는 비로소 경기 규칙이 정해지고 인격 형성에 도움이 되는 스포츠로서의 틀을 갖추기 시작한다. 그러나 럭비, 차터하우스, 이튼, 해로 등 각 퍼블릭 스쿨은 저마다 축구의 규칙이 달랐고

17세기 초 공에 바람을 넣고 있는 프랑스의 귀족.

그리스 아테네의 국립고고학박물관에는 BC 5세기 고대 그리스의 한 남성이 공 다루는 모습을 새긴 조각이 전시돼 있다.

현존하는 가장 오래된 축구공은 BC 2000년쯤 이집트에서 만들어진 것이다.

19세기에 잉글랜드의 퍼블릭 스쿨에서는 축구를 교육의 수단으로 채택했다. 이는 근대 축구로 발전하게 된다. 그러나 경기 규칙을 통일하기 전까지는 공도 각각 달랐다. 해로 스쿨에서 사용했던 공은 둥글기보다 차라리 둥근 방석 같았다.

사용하는 공도 통일되어 있지 않았다. 남아 있는 해로스쿨의 공은 완전히 둥근 모양이 아니라 마치 둥근 방석을 연상케 한다. 퍼블릭 스쿨 교직원회에서 1863년 규칙을 통일하고 런던에서 FA(축구협회)를 창설함으로써 비로소 축구공의 통일도 공식으로 이루어지게 된다.

그 뒤 주로 가죽으로 둥근 공을 만드는 노력이 계속되어 왔다. 하지만 월드컵이 열릴 때도 어떤 공을 쓰느냐는 문제가 되었다. 1930 우루과이에서의 첫 월드컵 결승전인 우루과이와 아르헨티나의 경기에서는 두 팀의 협의 끝에 동전 던지기로 전반전은 아르헨티나제 공, 후반전은 우루과이제 공을 사용하기로 했다.

요술 공이 낳은 엄청난 롱슛

월드컵의 역사에서 공이 큰 화제를 모았던 대회가 딱 한 차례 있다. 1978 아르헨티나월드컵의 공인구(대회 공식 공)는 탱고Tango였다. 검은 세모꼴의 T자 모양 5개가 흰 원을 둘러싼 탱고는 디자인도 참신했지만 그때까지의 공에 견주어 반발력이 무척 강해 발로 차면 잘 날아갔기 때문에 이 대회에서는 강렬한 롱슛 장면이 자주 나왔다.

특히 인상적이었던 것은 2차 리그 A조 네덜란드와 이탈리아의 경기에서 네덜란드의 몸집 큰 수비수 한이 쏜 엄청난 슛이었다. 왼쪽 터치라인에서 공을 잡은 한은 통상 센터링을 올릴 위치인데도 불구하고 망설임 없이 오른발로 강슛을 날렸다. 이탈리아의 골키퍼는 온 세계에 이름을 떨치고 있던 디노 초프였다. 한이 쏜 공이 주욱주욱 뻗어 나오자 초프는 몸을 날려 방어하려 했으나 공은 오른쪽 골네트에 꽂혔다.

아마도 월드컵에서 이토록 사정거리가 긴 롱슛은 처음이었을 것이다. 과거에 펠레가 지나치게 앞으로 나와 있는 상대 골키퍼를 보고 하프라인 조금 앞에서 롱슛을 쏜 적은 있지만 그것은 어디까지나 상대방의 허를 찌른 계획적인 슛이었다. 그러나 한이 날린 슛은 아무런 재주도 피우지 않고 그저 강력하기만 했던 슛으로 그 거리는 종전의 상식을 깨뜨리는 것이었다. 아마도 한은 일찍 탱고의 특성을 꿰뚫어 보고 기회가 오니까 서슴없이 롱슛을 날린 것 같다.

1970 멕시코월드컵부터 공인구 등장

1970 멕시코월드컵 조 리그 3조 브라질과 체코의 경기 전반 체코의 페트라시가 선제골을 올려 리드를 잡았다. 하지만 펠레를 정점으로 히벨리누, 자이르지뉴, 제르송, 토스탕 등 기라성 같은 스타를 안은 브라질은 흔들림 없이 반격에 나섰다. 브라질은 전반 히벨리누가 프리킥을 성공시켜 1:1로 따라붙었다. 히벨리누의 강슛을 잡으려고 체코의 수문장 빅토르는 위를 올려다보았으나 공은 보이지 않았다. 그만큼 급격히 날카롭게 휜 공은 마치 빅토르를 바보처럼 만들면서 꽂혔다. 이 대회에서 공인구로 채택된 아디다스의 '텔스타Telstar'는 회전이 잘 먹혀 화제가 됐다.

월드컵의 공식 서플라이어(공급사)가 된 아디다스는 TV 화면에 잘 받도록 흑(오각형) 12개, 백(육각형) 20개로 모두 32장의 패널로 공을 만들어 '텔스타'라 이름 붙였다. 텔스타는 'Star of Television'에서 유래했다. 이 공은 미국의 건축가 버크민스터 풀러가 개발했다(일명 버키볼로도 불렸다). 그때만 해도 매우 혁신적인 디자인이었다. 텔스타가 등장하기 전에는 고풍스러운 갈색 패널 18장으로 이루어진 공이 대부분이었다. 모양은 지금의 배구공과 비슷했다. 이에 견주어 오각형과 육각형의 복합 패널 32장으로 만들어진 텔스타는 보다 작은 다각형을 이어 나갈수록 더욱 둥글게 된다는 수학적 발상에 온 디자인이다. 따라서 건축가가 디자인했다는 것도 이해가 된다.

1970 멕시코월드컵은 브라질이 세 번째 우승을 차지한 대회이자 월드컵에 공인구가 처음으로 선보인 대회이기도 하다.

2002 한일월드컵의 피버노바

한국과 일본에서 개최된 2002 한일월드컵의 공인구는 여러 단계로 진화했다. 피버노바FeverNova라는 이 공인구의 이름에는 피버(열, 흥분, 열광)와 노바(새 별)가 합성돼 있다. 그전까지 공인구의 디자인은 1978 아르헨티나월드컵의 탱고 디자인을 대회 때마다 조금씩 변형해서 사용해 왔다. 그러나 피버노바는 근본적으로 디자인이 달라졌다.

탱고 디자인에서는 육각형 패널의 T마크 안에 그림 모양을 넣는 기법을 써 왔다. 1998 프랑스월드컵의 '트리콜로Tricolore'까지는 T마크 안의 디자인만 변경하면서 20년 동안이나 이어져 왔다. 하지만 피버노바는 한 장의 육각형 패널을 중심으로 그 둘레의 패널에 걸쳐 그림 모양이 크게 그려져 있다. 그 모양은 세 날이 달린 표창과 불꽃이 하나로 어우러진 듯 보이며 공 전체에 얇게 깔린 금색과 소화를 이루어 신비한 분위기를 풍기고 있다. 공의 알맹이는 트리콜로보다 진화되어 있다. 1998 프랑스월드컵에서는 공의 구조가 이전의 다층화에서 벗어나 가스를 충전시킨 작은 캡슐을 공 바탕에 많이 넣은 신소재로 3층 구조를 이루고 있다. 따라서 매우 가벼우며 차면 멀리 날아가도록 되어 있다. 한일월드컵에서의 피버노바는 가스가 충전된 작은 캡슐을 지닌 반발성이 강한 소재를 더욱 두껍게

한일월드컵 1차 리그 폴란드와의 경기에서 황선홍은 공인구 피버노바로 통쾌한 슛을 날려 선제골을 올리고 한국의 4강 진입에 시동을 걸었다. (사진 연합뉴스)

만들어 공이 날아가는 거리를 더욱 늘렸다. 한마디로 하이테크화가 매우 진행된 공이다.

이 대회 1차 리그에서 D조였던 한국은 폴란드와의 첫 경기에서 전반 26분 이을용의 크로스를 받은 황선홍이 왼발로 받아 그대로 발리슛을 쏘아 첫 골을 올렸다. 공인구인 피버노바는 황선홍이 노린 대로 정확하게 폴란드 골 네트에 꽂혀 한국은 4강 진입의 첫걸음을 내디뎠다.

2006 독일월드컵의 공인구 '+팀가이스트'

2005년 12월 9일 독일 라이프치히에서 가진 2006 독일월드컵 조 추첨 모임에서 FIFA는 이 대회의 공인구를 발표했다. 이름은 '+(플러스)팀가이스트+Teamgeist'다.

독일어 가이스트Geist는 스피리트spirit를 뜻한다. 월드컵 우승에 가장 필요한 요소인 '팀스피리트'를 공 이름에 따온 것이다. 아디다스사가 3년이라는 세월에 걸쳐 개발했다는 +팀가이스트는 혁신적인 프로펠러 모양의 패널 14장을 이어 공 표면을 가능한 매끈하게 만들었다. 종전의 오각형과 육각형 패널 32장을 프로펠러 모양으로 바꾸어 14장으로 줄이고 열에 의한 집합 기술로 공의 균질성이 높아지고 보다 완전한 둥글기를 이루어 냄으로써 공이 날아가는 정확성이 30% 이상 향상됐다. 개발팀의 책임자인 롤란드 사이델은 "선수의 기술이 그대로 공에 전해진다"라고 말했다.

이전까지는 프리킥 등을 찰 때 키커가 자신이 원하는 포인트를 찾아 몇 차례고 공의 위치를 바꾸는 것을 자주 보아 왔지만 이제는 그럴 필요가 없다는 것이다. 또 실패를 공 탓으로 돌릴 수도 없

1948

1948년 FA컵 결승에 사용된 공은 바람을 넣은 자리를 끈으로 묶게 되어 있었다. 2차 세계 대전 직후의 제품이라 가죽의 질은 좋지 않다.

1951

1951년에는 이미 흰색 축구공이 공식적으로 사용되기 시작했으나 1948년의 공처럼 여전히 갈색 축구공이 세계 곳곳에서 사용됐다. 1970 멕시코월드컵에 '텔스타'가 공인구로 등장한 뒤에도 한동안 갈색 공은 생명을 이어 나갔다.

1970

월드컵에서 최초로 등장한 1970 멕시코월드컵의 공인구 '텔스타'는 검은색과 흰색을 섞은 패널로 TV 화면에 잘 받도록 고안되었다.

1974

1974 서독월드컵에서도 공인구는 '텔스타'였다.

1978

1978 아르헨티나월드컵에서는 '탱고' 밑에 아르헨티나의 축구 명문 리버플레이트의 이름이 들어가 있다.

1982

1982 스페인월드컵의 공인구는 '탱고 에스파냐'다. 이 공에는 약간 변화가 있는데, 패널을 이은 부분에 방수 처리를 한 것이다. 비가 와 땅이 젖었을 때 공이 물을 빨아들여 무거워지는 등 경기에 지장을 줘 방수 처리를 했다. 공을 차 보면 '텔스타' 쪽이 좋다는 주장도 있다.

1986

1986 멕시코월드컵의 공인구는 '아스테카 멕시코'다. 가장 큰 특징은 외장 패널이 가죽에서 인공 피혁인 폴리우레탄으로 바뀐 것이다. 지난 대회의 '탱고 에스파냐'는 가죽 패널 이음새에 방수 가공 처리를 했으나 방수성을 근본적으로 높이기 위해 폴리우레탄을 도입했다. 규정에도 공 표피에 "가죽을 사용할 것"에서 "가죽 또는 적절한 재질을 사용할 것"이라고 개정했다.

1990

1990 이탈리아월드컵의 공인구는 '에트루스코 유니코'다. 옛 이탈리아반도의 중서부 에트루리아 문명을 상징하는 사자 머리를 3파 모양으로 디자인했다. 공 내부도 한 단계 진화했다. 외장 패널인 폴리우레탄층 두 겹 밑에 폴리우레탄검의 층을 깔고 폴리에스테르로 뒷받침한 4층 구조는 이 공의 고속화를 꾀하였다.

1994

1994 미국월드컵의 공인구는 '퀘스트라'다. 탐구한다는 '퀘스트 quest'와 '스타star'를 합성한 이름이다. NASA 이미지를 천체 모양으로 패널에 그려 넣었다. 퀘스트라는 신소재 폴리에틸렌 레이어와 폴리에스테르를 라이닝으로 사용해 세계 최초로 5층 구조의 반발력 높은 공으로 주목을 받았다. 뛰어난 성능의 퀘스트라는 1996 애틀랜타올림픽, 1996 유럽선수권대회 공인구로도 사용됐다.

1998

1998 프랑스월드컵의 공인구는 '트리콜로'다. 프랑스의 3색기 트리콜로에서 유래된 이름이다. 붉은색과 푸른색을 사용해 바탕의 흰색과 3색의 조화를 이루었으며 디자인은 프랑스의 상징인 수탉과 고속철 TGV의 터빈을 나타낸다. 공의 구조는 다층화에서 벗어나 가스를 충전한 작은 캡슐을 많이 배열한 3층 구조가 됐나. 이 공은 매우 가볍고 차기 좋은 것이 특징이다.

2002

2002 한일월드컵의 공식인 '피버노바'는 종래의 탱고 디자인에서 크게 벗어난 혁신적인 디자인으로 눈길을 끌었다. 공의 성능도 한 층 좋아졌다.

2006

2006 독일월드컵의 공인구인 '+팀가이스트'는 종전 오각형과 육각형의 패널 32장 쓰던 것을 프로펠러 모양의 패널 14장으로 공이 날아가는 정확성도 30% 이상이나 향상시킨 최첨단 축구공이다.

게 됐다는 이야기다. 차는 쪽은 정확하게 찰 수 있어 좋겠지만 수비 쪽은 불리하지 않을까? 그러나 사이델은 "골키퍼도 공이 날아오는 코스를 예측하기가 쉽다. 이 공은 공수 양쪽에 공평하게 좋은 공이다"라고 했다.

TV를 둘러싼 FIFA와 IOC의 냉전

오늘날 지구상의 가장 큰 2개의 스포츠 이벤트라면 누구나가 올림픽과 월드컵을 꼽을 것이다. 잘 알려져 있다시피 올림픽은 IOC(국제올림픽위원회)가 4년마다 한 차례 여는 세계의 종합 스포츠 제전이며 월드컵 또 역시 4년마다 개최되긴 하지만 축구 단일 종목의 세계선수권대회다.

그러나 월드컵의 인기가 올림픽의 인기를 앞지르기에 이르러 일부 올림픽 관계자들 사이에서는 위기감마저 느끼는 모양이다. 특히 시청자 수와 방영권료의 두 가지로 지구촌 가족의 인기도가 측정되는 TV 방영을 놓고 IOC와 FIFA는 날카로운 신경전을 펼쳤다.

오랫동안 찢어지게 가난했던 IOC

IOC(국제올림픽위원회)는 1894년 파리에서 프랑스의 교육학자인 피에르 드 쿠베르탱 남작의 주창으로 결성되어 1896년 그리스 아테네에서 첫 올림픽을 열었다. 그리스의 디미트리오스 비켈라스에게 초대 위원장을 맡긴 뒤 쿠베르탱은 1897년부터 1925년까지 IOC의 사령탑으로서 여러 어려움을 이겨 내며 올림픽을 지구촌 가족의 종합 스포츠 잔치로 뿌리내리는 데 크게 이바지했다.

그러나 IOC는 아무런 수입원이 없어 위원들이 각자의 주머니를 털어 50스위스프랑의 회비를 내 운영비에 충당할 정도여서 때로는 회의 경비를 절약하기 위해 우편으로 투표를 하기도 했다. 가진 재산을 올림픽 운동과 자신의 논문 출판비에 모두 써 버린 쿠베르탱은 고국을 떠나 스위스로 옮겨 72세가 넘은 나이에도 일자리를 구하러 다녀야 할 정도로 어려운 말년을 보냈다.

1960년대까지만 해도 IOC는 독립된 사무실을 갖지 못하고 오토 마이어 사무국장이 스위스 로잔에서 경영하던 보석 가게의 한 구석에 칸막이를 놓고 IOC의 사무실로 썼다. 사무국장 말고 직원이라고는 리디아 잔키라는 러시아계 여성 한 사람이 있었을 뿐이었다. 그리고 이들도 모두 정규 직원이 아니라 파트타임 직원이었다. 이후 IOC가 제대로 된 사무실과 많은 직원을 갖게 된 것은 막대한 TV 방영권료가 들어오게 되면서부터다.

첫 월드컵에서 흑자 낸 FIFA

FIFA는 1904년 파리에서 창설됐다. 세계 여러 나라에 설립된 축구협회의 협력 관계를 확립하고 축구 규칙의 통일 등을 위해 축구의 국제 통합 기구가 필요했기 때문이다. 각국 협회 간 의견도 안 맞고 1차 세계 대전도 터지고 해서 FIFA가 실제로 축구의 국제 통합 기구로 발전하게 된 것은 프랑스의 쥘 리메가 회장을 맡은 1920년부터의 일이다.

한국의 첫 월드컵 출전인 1954 스위스월드컵까지 재임 34년 동안 쥘 리메는 월드컵 개최 실현(1930 우루과이), 2차 세계 대전 후 월드컵 부활(1950 브라질) 등 어려운 과제를 해결해 오늘날 '거대한 월드컵'의 기초를 닦았다. 축구 단일 종목의 세계선수권대회인 월드컵은 여러 종목의 종합 스포츠 제전인 올림픽과 달리 개최 경비도 덜 들었고 또 대회 때마다 밀려드는 관중 때문에 입장 수입이 많아 FIFA는 첫 월드컵 개최 후 재정적 어려움을 겪지 않았다.

1930 우루과이에서의 첫 월드컵은 당시 유럽에서도 배를 타고 2주일이나 걸려서 가야 하기 때문에 많은 유럽 국가들이 참가를 꺼렸다. 참가국은 모두 13개국에 지나지 않았지만 연 55만 명의 관중이 입장했고 재정적으로도 그때로서는 엄청난 액수인 25만 달러 이상을 벌어들였다. 첫 월드컵에서 많은 돈을 번 FIFA는 그 돈으로 FIFA 본부를 파리의 뒷골목에서 스위스 취리히의 현대식 건물로 옮겼으며 풀타임 직원도 고용할 수 있게 된다. 월드컵은 첫 대회부터 입장 수입만으로도 수지가 맞았다. 올림픽은 TV 방영권료와 스폰서 계약료가 제대로 걷히기 시작하는 1980년대까지 재정적 어려움을 견뎌야 했다.

TV의 첫 스포츠 중계

TV의 실용화가 이루어진 것은 2차 세계 대전이 끝난 뒤의 일이지만 TV는 1936 베를린올림픽에 이미 등장했었다. 1972년부터 1980년까지 IOC의 수장을 지낸 아일랜드의 킬라닌 경(마이클 모리스)은 《올림픽과 함께한 세월 *My Olympic Years*》이라는 책에 이렇게 썼다. "올림픽이 처음으로 TV 중계된 것은 1936 베를린올림픽 때였다. 그때 극히 제한된 장소에 설치된 큰 스크린에 경기 영상이 비춰졌다." 베를린

올림픽의 마라톤 금메달리스트 손기정은 이 TV 화면을 보았다. 처음에는 기록 영화를 상영하고 있는 것쯤으로 여겼다. 동행했던 이상백 박사(뒷날의 IOC위원)가 "손 군 저건 기록 영화가 아니야. 지금 실제로 진행되는 장면이 나오고 있는 거야"라고 설명해 손기정은 깜짝 놀랐다고 한다. 아마도 이 두 사람이 TV가 무엇인지 알고 본 한국 최초의 스포츠맨일 것이다.

킬라닌 전 IOC위원장은 올림픽과 TV의 상관관계에 대해 이렇게 이야기했다. "TV가 올림픽 운동에 얼마나 큰 영향력을 지니게 될지를 초기에 내다본 사람은 IOC 안에 단 한 사람도 없었다." 1960년이 되자 IOC는 미국 스쿼밸리에서 열린 동계올림픽의 TV 방영권을 파는 데 처음으로 성공했다. 그러나 그 시점에서도 TV의 장래를 내다볼 수 있는 사람은 IOC에 없었다. 그 증거로 1968 멕시코올림픽 조직위원회가 미국의 ABC 방송과 400만 달러로 방영 계약을 맺었을 때도 IOC는 계약에 끼어들지 못하고 고작 15만 달러를 받았을 뿐이었다.

올림픽을 살린 TV 방영권료

올림픽은 회를 거듭할수록 비대해지고 호화로워졌다. 특히 1976 몬트리올대회는 엄청난 경비 지출로 대회가 끝난 뒤에도 오랫동안 그 적자 메꾸기에 신음하게 되었다. 이로 인해 올림픽 유치 신청은 급격히 줄어들었다. 1984년 개최에는 미국의 로스앤젤레스가 단독 입후보했고, 1988년 대회에 한국의 서울과 일본의 나고야 두 도시만이 개최 유치에 나섰던 것도 그 때문이었다. 어떻게 보면 1988 서울올림픽은 하늘이 도와 개최가 가능했던 대회라 할 수 있다.

1988 서울올림픽 개막식에서 환영사 하는 사마란치 위원장. 재무 감각이 있던 사마란치 위원장은 1984년 로스앤젤레스올림픽 마케팅을 그대로 따라 IOC도 방영권 계약에 당사자로 끼워 넣는 한편 방영권료 인상에도 힘썼다. (사진 연합뉴스)

    1984 로스앤젤레스올림픽은 사상 최초로 국가나 자치 단체의 보조 없이 순수한 민영 올림픽이었음에도 적자는커녕 약 2억 2,000만 달러의 흑자를 올려 세계를 놀라게 했다. 로스앤젤레스올림픽의 운영 예산은 약 4억 5,000만 딜러였다. 조직위원회의 피터 워버로스 위원장은 미국 국내의 TV 독점 방영권을 입찰에 걸고 방송사끼리 경쟁을 붙여 ABC로부터 2억 5,500만 달러를 받아 냈다. 4년 전의 모스크바올림픽의 모든 방영권료 총액이 1억 달러였으니 약 두 배 반을 올린 셈이다. 워버로스 위원장은 스폰서 선정에는 1982 스페인월드컵을 본따 1업종 1개사의 방식을 채택했다. 1976

몬트리올올림픽에서는 200개사에 가까웠던 스폰서를 30개사로 압축했다. 그 대신 올림픽 스폰서의 희소가치를 높임으로써 계약료를 올렸다. 그때 1개사의 스폰서 계약료는 400만 달러로 치솟았다. 참고로 1980 레이크플래시드동계올림픽의 스폰서 계약료는 최고가 30만 달러였다.

워버로스의 올림픽 마케팅 전략은 그 뒤 올림픽에서 그대로 교과서가 됐다. 올림픽은 재정적인 위기에서 벗어난 것이다. 재무 감각이 뛰어난 후안 안토니오 사마란치 위원장이 이끄는 IOC는 워버로스의 올림픽 마케팅에서 착안해 IOC 재정을 살찌우는 데 힘썼다. 그 뒤 TV 방영권료는 계속 상승해 2000 시드니올림픽에서는 우리나라 돈 약 1조 3,788억 원, 2004 아테네올림픽에서는 약 1조 5,453억 원에 이르렀다.

FIFA는 왜 TV 방영권료를 제대로 챙기지 않았나

올림픽과는 달리 그동안 FIFA는 월드컵의 TV 방영권료에 대범했던 편이다. 입장료만 가지고도 살림을 꾸려 나가기에 충분했던 데다가 "축구는 서민들의 스포츠이기 때문에 보다 많은 사람에게 구경할 기회를 주어야 한다"라고 FIFA는 TV 방영권료를 많이 받지 않았다. 1998 프랑스월드컵 때만 해도 TV 방영권료는 우리나라 돈 약 1,081억 원에 지나지 않았다. 제프 블라터 회장이 이끄는 FIFA는 월드컵의 TV 방영권료가 올림픽에 견주어 지나치게 싸다고 판단했는지 2002 한일월드컵에서는 약 1조 413억 원이나 받아 냈다. 그러니까 지난 대회보다 거의 10배에 가깝도록 월드컵의 TV 방영권료가 수직 상승한 것이다. 세계의 방송사들이 FIFA의 요구를 받아들여 그 많은 방영권료를 지불한 것을 보면 월드컵이 얼마나 매력 있는 방송 대상인지 알 만하다.

2006 독일월드컵의 TV 방영권료는 약 1조 2,015억 원으로 아직 2008 베이징올림픽의 약 1조 7,250억 원과는 거리가 있지만 지난날에 견주면 월드컵의 방영권료는 올림픽에 많이 따라붙은 셈이다. 방영권료는 올림픽이 월드컵을 앞서지만 시청자 수는 월드컵이 올림픽을 압도하고 있다. 1988 서울올림픽의 시청자 수는 연인원 104억 명이고 1990 이탈리아월드컵 시청자 수는 267억 명으로 월드컵이 올림픽의 두 배가 넘었다. 1992 바르셀로나올림픽의 시청자 수는 166억 명인데 견주어 1994 미국월드컵의 시청자 수는 321억 명으로 역시 월드컵이 올림픽의 거의 두 배에 이른다.

1998 프랑스월드컵에서는 334억 명까지 이르렀던 시청자 수가 2002 한일월드컵에서는 288억 명으로 줄었다. 아마도 조 리그에서 포르투갈, 프랑스, 아르헨티나 16강전에서 이탈리아 8강전에서 잉글랜드, 스페인 등 축구 강국들이 줄줄이 패배했기 때문에 중도 탈락한 팀의 팬들이 TV 앞을 떠난 것이 시청자 수 감소의 원인이었을지도 모른다. 2006 독일월드컵에서는 시청자 수가 262억 9,000만 명대로 추정된다. 이렇게 시청자 수에서 월드컵이 올림픽을 앞지르고 있다는 사실에 IOC는 속이 불편한 모양이다. 그래서 IOC는 "월드컵 TV 시청자 수가 올림픽의 시청자 수보다 많다는 정확한 근거가 어디에 있느냐?"라고 FIFA에 따진 적 있다.

IOC보다 한 수 위인 FIFA

역설적으로 들릴지 모르지만 월드컵 탄생은 IOC가 거들었다고 할 수 있다. 1904년에 출범한 FIFA는 프로도 출전할 수 있는 세계축구 선수권대회의 창설을 오랫동안 꿈꾸어 왔으나 여러 가지 여건이 갖추어지지 않아 때를 기다리고 있었다.

월드컵이 태어나기 전인 1930년까지 권위 있는 축구 대회는 IOC가 4년마다 한 차례 여는 올림픽의 축구 경기였다. 그러나 IOC는 아마추어리즘을 엄격하게 지키려고 프로 선수의 올림픽 참가를 계속 막아 왔다. 게다가 1932 로스앤젤레스올림픽에서는 축구를 개최 종목에서 빼버려 FIFA와 그 회원국들에게 큰 충격을 주었다. 올림픽에서 축구를 제외한다는 것은 축구에 별로 관심이 없던 미국만이 해낼 수 있는 일이었다.

올림픽에서 축구는 매우 비중이 큰 경기였다. 1924 파리올림픽에서는 전체 입장 수입의 3분의 1이 축구에서 나왔고 1928 암스테르담올림픽에서는 전체 입장 수입의 반을 축구에서 거두어들였다. 이토록 중요한 축구를 올림픽 종목에서 빼버렸다는 데서 FIFA와 그 회원국들은 실망을 넘어 분노를 느꼈다. "이대로 있어서는 안 되겠다. 이제는 진정한 세계축구선수권대회인 월드컵을 탄생시켜야 한다"라고 판단한 FIFA는 여러 가지 어려움을 무릅쓰고 1930 우루과이에서 첫 대회를 열고 월드컵을 탄생시켰다.

세월이 흘러 1980년 IOC의 사령탑에 오른 사마란치는 올림픽을 최고 수준의 구경거리 스포츠 제전으로 만들기 위해 테니스, 야구, 농구, 축구 등 인기 종목에 프로 선수들이 참가할 수 있도록 올림픽의 문호를 개방했다. 이번에는 반대로 FIFA가 월드컵의 권위를 지키기 위해 올림픽 참가 선수의 연령을 23세로 제한하고 23세 넘는 선수들의 출전 인원수는 올림픽이 열릴 때마다 FIFA가 결정해

발표하고 있다. 옛날에는 FIFA가 "올림픽에 프로 선수도 출전시켜 달라"고 IOC에 요청했지만 이제는 IOC가 "연령 제한을 풀고 모든 프로 선수들을 올림픽에 내보내 달라"라고 FIFA에 매달리는 실정이다. 그러나 FIFA가 "진정한 세계축구선수권대회는 오직 월드컵뿐이다"라는 태도를 바꿀 것 같지는 않다. 과연 월드컵의 인기가 TV 방영권료마저 올림픽을 앞지르게 만들 것인지 두고 볼 일이다.

한국의 첫 월드컵 진출의 길을 열어 준 재일 동포들

한국의 월드컵 출전사는 치욕으로부터 시작됐다. 1954 제5회 스위스월드컵에 첫 출전한 한국은 2조에서 헝가리에 0:9로 참패하고 튀르키예에게도 0:7로 대패해 두 차례의 경기에서 단 1골도 올리지 못한 채 탈락했다. 한국이 참패하자 유럽 축구계 일각에서는 "각 대륙 지역 예선을 재검토해서 약한 팀의 월드컵 본선 진출을 막아야 된다"라는 호된 비판의 목소리가 일었다.

FIFA 회장, 한국 팀 옹호

그러나 이 대회를 마지막으로 FIFA를 떠난 쥘 리메는 단호했다.

> "스웨덴 같은 유럽 최강의 팀들이 본선에 나오지 못했는데도 기술적으로 빈약한 한국이 출전한 것은 마땅치 않다고 비판하는 사람들이 있다. 스웨덴의 지역 예선 탈락은 확실히 놀라운 일이었다. 그러나 스웨덴의 탈락이 규칙 위반이라고 이의를 제기하는 이는 아무도 없었다. 한국은 예선에서 일본을 이겼기 때문에 아시아 대륙의 대표로 뽑힌 것이다. 세

당시 FIFA 회장이었던 쥘 리메(왼쪽)는 한국이 1954 스위스월드컵에서 참패당하고 일부 유럽 국가들로부터 호된 비판을 받자 "한국은 정정당당히 아시아 예선에서 일본을 이기고 출전한 팀"이라고 한국을 옹호했다.

계의 모든 지역에서 축구 수준이 고르지 않다는 것은 이미 알려진 사실이다. 4년에 한 차례 세계 각 지역의 축구를 등급 매기는 것도 월드컵이 존재하는 이유 가운데 하나다."

1920년부터 1954년까지 34년 동안 FIFA 회장을 맡아 월드컵을 탄생시키고 키워 낸 쥘 리메는 과연 시야가 넓은 인물이었다.

첫 출전의 걸림돌은 대통령

1954 스위스월드컵을 1년 앞둔 FIFA는 지역 예선 13조(동아시아 지역)

에 참가 신청을 낸 한국, 일본, 중국의 3개국이 홈 앤드 어웨이 방식으로 경기를 치른 뒤 이긴 팀이 본선에 오른다고 발표했다. 그러나 한국 전쟁은 아직 휴전이 성립되지 않은 상태라 한국과 중국이 경기를 갖는 것은 사실상 불가능했고 일본 역시 중국과 경기를 치르기는 어려워 보였다.

정확한 이유는 알 수 없으나 중국은 일찌감치 월드컵 출전을 포기해 결국 한국과 일본 두 나라만이 스위스행 티켓을 걸고 지역 예선을 치르기로 했다. 하지만 홈 앤드 어웨이는커녕 한국과 일본이 경기를 하는 것 자체가 매우 어려운 것이 당시의 정치적 상황이었다. 두 나라 사이의 국교 정상화는 물론 이루어지지 않았을 뿐 아니라 철저한 반일주의자인 한국의 이승만 대통령은 스포츠만이 아니라 모든 분야에서 한일 교류를 허용하지 않았다.

일본 프로 야구의 타격왕인 재일 동포 장훈이 학생 시절 고국 방문 재일 동포 학생야구단의 한 사람으로 부모의 나라를 찾았을 때 경무대(지금의 청와대)를 예방했던 적이 있다. 그때 선수단 임원이 "바로 이 학생이 유망주 장훈입니다"라고 소개하자 이승만 대통령은 악수를 나누면서 "일본 사람에게는 절대로 져서는 안 된다"라고 당부했다.

이승만 대통령은 한국 전쟁 중에도 취재를 온 외국의 특파원들은 다 만나면서도 일본 기자들은 단 한 번도 만나 주지 않았고 '이승만 라인'(평화선)이라는 일종의 어로 저지선을 둘러놓고 이를 침범하는 일본 어선은 가차 없이 잡아들였다. 그런 이승만 대통령이고 보니 "일본 선수가 우리나라에 오는 것은 물론 한국 선수가 일본에 가는 것도 안 된다"라고 고집한 것도 당연할지 모른다.

대통령을 설득하다

일제 강점기 경성(서울)축구단을 비롯한 한반도의 축구 팀들이 일본 축구를 압도했다는 기억이 생생하게 남아 있던 재일 동포 사회에서는 월드컵 지역 예선을 한국에서 못 치른다면 두 차례 모두 일본에서라도 열자는 기운이 높았다.

축구 아니 모든 스포츠를 통틀어 첫 한일전이 되는 제5회 월드컵 한일전 일본 유치를 위해 재일대한체육회가 나서기로 한 것은 재일 동포 사회의 뜨거운 열망이 있어서였다. 이 유치 활동의 핵심 인물은 재일대한체육회 부회장인 신희와 '긴자의 호랑이'라 불린 정건영(일본 이름 마치이 히사유키), 이 두 사람이었다. 신희는 서울에 가서 이승만 대통령을 설득하고, 정건영은 외화 사정이 어려운 고국의 실정을 감안해 한국선수단의 원정 비용 일체를 재일 동포 사회가 마련하는 일을 각각 맡기로 했다. (훗날 신희와 정건영은 재일대한체육회 회장을 역임하기도 했다.)

신희는 1953년 가을 당시 대한체육회 회장이면서 자유당 정권의 이인자인 이기붕을 먼저 설득해 이승만 대통령의 마음을 돌리게 해달라고 간곡하게 요청했다. 이기붕은 이승만 대통령을 만나 "다른 종목은 몰라도 축구는 틀림없이 우리가 일본을 이길 수 있습니다. 한일선 개최를 허락해 주십시오"라고 설득했다. '축구는 한국이 일본에게 틀림없이 이길 수 있다'라는 말에 이승만 대통령은 고개를 끄덕이고 승낙했다. 단 일본 선수의 한국 원정은 안 된다고 못을 박았다.

이렇게 해서 한국은 홈그라운드의 이점을 한 차례 포기한 채 두 경기 모두 일본에서 치러야 했다. 얼마 뒤 이기붕과 신희 등이 이승만 대통령을 만나 공식적인 최종 허가를 받기 위해 경무대에 들어갔을 때 신희는 이렇게 이야기했다.

"일본에는 100만의 동포가 살고 있습니다. 일본과 경기를 함으로써 100만 동포들의 사기에 미치는 영향은 정치적으로 말씀드린다면 돈으로 환산할 수 없을 정도입니다. 그리고 우리 한국이 이길 것은 틀림없습니다. 비용은 전액 재일 동포들의 성금으로 충당하겠습니다."

이승만 대통령은 마지막으로 조건을 하나 달았다. "일본에 가서 경기를 갖는 것은 좋지만 책임은 져야 하네. 만약 지면 현해탄(대한해협)에 몸을 던져야 하네."

북에서 온 박일갑과 최정민

당시의 한국 축구 대표팀은 크게 세 그룹으로 나뉘어 있었다. 하나는 일제 강점기부터 축구를 계속해 왔던 그룹이고, 또 하나는 광복 후 본격적으로 축구를 시작한 그룹이며, 마지막 하나는 한국 전쟁 중 북한에서 넘어온 그룹이다.

1951년 10월 6일부터 닷새 동안 경남 밀양에서는 다음 해의 헬싱키올림픽에 파견할 대표 선수 선발을 겸한 전국축구선수권대회가 열렸다. 38도선 부근의 철원, 금화, 평강을 잇는 이른바 '철의 삼각 지대'에서는 치열한 전투가 벌어지고 있어 휴전 협정이 맺어지기 전에 한치라도 더 넓은 땅을 차지하려고 남과 북의 양쪽이 모두 안간힘을 쓰며 싸우던 때였으나 축구의 전국선수권대회가 열린 것을 보면 우리 국민은 축구를 어지간히도 좋아했던 것 같다.

11개 팀이 참가한 이 대회의 결승에서 대구방적이 공군을 2:0으로 물리치고 우승했다. 당시 대구방적 팀은 강창기, 김지성 등 일부 선수를 빼고 대부분이 한국 전쟁 때 북한에서 넘어온 선수들이었다. 이들 가운데 박일갑과 최정민은 한국 대표팀에 끼어 첫 한일전에 참가한다.

박일갑은 1947년 체코슬로바키아의 프라하에서 열린 세계청년학생페스티벌 축구 경기에 북한 대표 선수로 참가해 5전 5승으로 우승한 경력도 있다. 박일갑은 1950년 말 UN군이 중국군에 밀려 북한에서 철수할 즈음 남한으로 넘어온 것으로 전해진다.

최정민의 경우는 어떻게 넘어왔는지 아직도 수수께끼다. 많은 사람은 최정민이 거제도의 포로수용소에 수감됐다가 뛰어난 축구 실력 때문에 바로 풀려났던 것으로 알고 있다. 그러나 뒷날 특무부대 팀에서 함께 뛴 적이 있는 박재승은 "북한 탱크 부대 하사관으로 남한에 내려온 최정민은 부대를 이탈해 도망쳐 버렸다. 사실은 북한의 도망병도 일단 포로수용소에 들어가야 되지만 도망 사실을 아는 사람도 없고 해서 감춘 것이다. 처음에는 예비사관학교에 들어갔다가 생활 수단으로 대구방적 팀에 입단한 것이다"라고 말했다. 1950년대에 아시아에서 으뜸가는 공격수였던 최정민이 세상을 떠난 지금 그가 북한에서 어떻게 넘어왔는지 알아낼 길은 없다.

"죽을 각오로 싸워야 한다"

그렇지 않아도 한국 전쟁의 혼란 속에서 한국 축구 대표팀은 여러 가지 어려움을 이겨내며 한일전에 대비해야 했다. 월드컵 지역 예선에서 한국과 일본이 격돌하게 됐다는 소식은 국민 사이에 큰 화제가 됐다. 당시의 국민은 월드컵이 무엇인지는 잘 몰랐으나, 아무튼 태극기를 가슴에 달고 옛 압제국이었던 일본과 첫 대결을, 그것도 축구에서 벌인다는 점에서 비상한 관심을 나타냈다.

한국 대표팀은 3월의 한일전을 앞두고 2월에 영등포에서 약 20일 동안 합숙 훈련을 했다. 당시 서울의 추위는 대단해 겨울이면 한강물이 꽁꽁 얼었다. 그 얼음 위로 사람이나 마차가 지나가곤 했다. 그런 추위 속에서의 훈련이라야 도로를 달리는 로드워크로 지구력을 강화하는 정도이고 만족할 만한 훈련은 못 했다. 하지만 이런 가혹한 훈련 여건에서도 국민의 기대는 높아갔다. 당시 한국 대표팀의 골키퍼였던 홍덕영은 이렇게 이야기했다.

"영등포에서 합숙하고 있을 때 한 노인이 달걀을 가져와 '이걸 먹고 기운을 내서 일본에게 꼭 이겨달라'고 간곡히 당부하는 거야. 그때는 달걀을 10개씩 지푸라기에 꾸러미로 싸서 시장에서 팔고 있었어. 그런 것을 50개 정도 건네주는데 가슴이 뭉클해질 수밖에 없었어. 그 노인은 축구 구경이라고는 한 번도 안 해 본 사람이었으니까 그 정성에 선수들이 모두 감동해서 얼어붙어 버렸지."

홍덕영은 합숙 분위기에 대해서도 말했다.

"나는 대표팀의 합숙에 여러 차례 참가했지만 그때의 합숙 분위기는 정말로 진지했고 선수들 모두가 긴장하고 있었어. 나이 든 선수도 있었고 평소에는 말을 잘 안 듣는 군인 선수도 있었지만 모두 감독이나 코치가 이야기하지 않아도 스스로 알아서 시간을 엄수했고 술도 안 마셨어."

재일 동포들이 후원회 결성

1954년 뜻깊은 3·1절 날인 3월 1일에 한국 축구 대표팀이 일본에 온다는 소식에 재일대한체육회는 서둘러 지원 활동에 나섰다. 먼저 한국선수단 재일후원회를 조직하고 명예 회장에 김용식 주일 대표부 공사를 추대하고 회장에는 당시 재일대한체육회 회장이던 주일 대표부의 유태하 참사관 그리고 사무국장에 신희를 앉혔다.

때마침 그때쯤 일본에서는 한 사람의 영웅이 탄생해 일본 열도가 열광하고 있었다. 그해 2월 19일 도쿄의 구라마에 고쿠기칸國技館이라는 스모(일본 씨름) 전용 체육관에서 일본 최초의 프로 레슬링 국제 경기가 열렸다. 한국계 프로 레슬러 역도산이 역도산-기무라 조와 미국의 샤프 형제 조의 태그 매치를 치러 프로 레슬링 시대의 막을 올렸다.

2차 세계 대전에서 패배한 일본은 연합국의 우두머리 격이었던 미국에 열등감이 강했다. 그러나 역도산은 프로 레슬링의 매트 위에서 가라테춉을 마구 휘두르며 미국인 레슬러들을 혼냈으니 고쿠기캉을 메운 관중뿐 아니라 1953년부터 본방송이 시작된 TV 전파를 타고 각지에 설치된 거리 TV 앞에 몰려든 수많은 무리의 마음을 사로잡아 역도산은 하루아침에 일본의 영웅이 됐다.

본명이 김신락인 역도산은 함경남도 홍원군 용원면 출신이다. 역도산은 광복 직후 '바람의 파이터' 최영의, 정건영, 이유천 등과 함께 남한을 지지하는 재일본조선인거류민단 출범에도 참가했다.

한국 축구팀을 지원하기 위한 후원회에는 일본 사회에서 경제적으로 성공한 인사들이 많은 도움을 주었다. 그 대표적 인물이 당시 재일 동포 사회에서 '동東의 롯데, 서西의 사카모토방적'이라 불리던 롯데의 신격호와 사카모토방적의 서갑호다. 신격호는 도쿄에서 우유 배달, 신문 배달 등 육체노동을 해서 조금씩 모은 돈으로, 광복 후 미군이 일본에 진주하면서 추잉껌이 유행하자 1948년 자본금 10만 엔, 종업원 10명으로 주식회사 롯데를 설립하고 껌 생산에 나섰다. 이것이 오늘날 롯데제과, 롯데백화점, 롯데호텔 등 한일 두 나라에 엄청난 기업들을 거느리게 된 롯데그룹의 시작이다.

한편 오사카에서는 광복 직후 일본 재벌의 해체로 일부 유력 방적 공장을 손에 넣은 서갑호가 1950년 사카모토방적을 설립했다(1967년 방림방적으로 사명 변경). 같은 해 한국 전쟁으로 한국군의 군복을 도맡아 공급하기로 된 것을 비롯해 섬유류로 제작되는 군수품 경기가 뜨거워지자 밀려드는 주문을 소화하기 위해 일본의 10대 방적에게 하청을 줄 정도로 서갑호는 단숨에 엄청난 돈을 벌게 된다.

역도산도 거액의 후원금 내놓아

신희는 이승만 대통령에게 재일 동포가 모두 100만 명이라고 불려서 말했으나 당시 일본에는 민단계와 조총련계를 통틀어 약 55만 명의 동포들이 살고 있었다. 그 가운데 약 20%가 사카모토방적이 있는 오사카에서 살았다. 후원금을 걷으려면 오사카는 매우 중요한 지역이었다.

오사카에는 신희, 정건영 등이 모금을 하러 갔다. 때마침 오사카에 있던 역도산도 이 모금 운동에 참가해 한몫을 했다. 액수는 정확하지 않으나 역도산도 그때 돈 몇십만 엔을 내놓은 것으로 알려진다. 몇십만 엔은 환율로 치면 몇백만 원 정도지만 당시 일반 근로자 월급이 1만 엔 안팎이었던 점을 감안하여 현재의 화폐 가치로

스위스월드컵 예선 한일전이 열리던 해 역도산은 미국의 NWA 태그 챔피언 샤프 형제를 일본으로 불러들여 그의 주무기인 가라테춉을 마음껏 휘둘러 하루아침에 일본의 영웅으로 떠올랐다. 역도산도 한국 축구 대표팀을 위해 당시 적지 않은 돈을 내놓았다.

따져 보면 1억 원 정도는 될 것이다.

하지만 그때쯤부터 역도산은 한국인임을 감추어야 하는 처지가 된다. 일본의 국민적 영웅이 한국인이어서는 안 된다고 생각한 언론이 역도산의 출신을 감추었으며, 역도산도 자신의 사업을 위해 한국인라는 사실을 감추게 된다. 그래서 역도산은 한국 축구 대표팀을 지원하는 후원금을 내놓았으나 환영회 등 공식적인 후원 행사에는 얼굴을 비치지 않았다.

여기서 역도산의 명예를 위해 밝힌다면 그는 매우 민족정신이 강했던 사람이다. 5선 국회의원으로 신민당의 마지막 총재, 유도

10단이었던 신도환은 이승만 대통령의 뒷받침으로 1951년부터 4년 동안 도쿄대학교에서 국제법 과정을 마치는 동안 재일 동포 사회의 유력 인사들과 사귀게 된다. 그러나 신도환이 역도산과 만난 것은 동포의 소개가 아니라 역도산과 사이가 벌어지기 전 태그 팀의 파트너였던 일본 유도의 영웅 기무라 마사히코를 통해서였다. 같은 유도의 강호였던 신도환은 전부터 기무라를 알고 있었고 그 기무라가 번화가인 긴자의 술집에서 역도산을 소개해 주었다. 신도환은 그때를 이렇게 돌이킨다.

"그때만 해도 역도산은 우리말을 유창하게 구사했어. 역도산은 기무라가 옆에 있는데도 우리말로 '신 선생 우리 무슨 일이 있어도 일본 사람에게는 지지 맙시다'라고 말했거든. 역도산은 민족정신이 매우 강한 사람이었어."

일본 프로 야구의 타격왕 장훈도 역도산과 매우 친했다. 그러나 장훈은 끝까지 자기가 한국인임을 감추지 않았다. 장훈의 어머니가 민족정신을 강하게 심어준 덕분일 것이다. 야마모토가 지은 장훈에 관한 책에는 출신 문제를 놓고 역도산과 토론한 대목이 나온다. 그 대목을 간추려 본다.

역도산이 "내가 일본에 온 것은 네가 태어났을 때 즈음일 거야. 그때 조선은 식민지였어. 우리들은 벌레 취급을 받으면서 살아왔어"라고 말하자 장훈은 "사람을 차별한다는 것 자체가 우스운 것 아닙니까"라고 맞받아친다. 역도산은 "나는 내가 한국인이라고 말 못 해. 내가 일본 사람이라고 생각하니까 이렇게 나는 스타가 될 수 있었던 거야. 내가 한국인이라는 사실이 밝혀지면 사람들의 태도는 하루아침에 달라진다. 프로 레슬링의 인기도 끝이야"라고 자신의 출신을 감추는 이유를 설명한다. 이에 맞서 장훈은 "한때는 이러쿵저러쿵 할지 모르지만 시간이 흐르면 반드시 인정을 받게 될 것입니다"라고 반박한다. 역도산은 "세상이란 그렇게 네가 이야기하듯이 만만한 게 아니야. 너는 식민지 시대의 일을 모르니까 그런 이야기를 할 수 있는 거야"라고 말을 맺는다.

역도산의 제자인 박치기왕 김일은 "프로 레슬링은 민족 감정을 배경으로 성립되는 구경거리다"라고 말한 적이 있다. 김일의 말이 맞다면 역도산이 자신의 출신을 밝혔을 경우 과연 일본에서 영웅으

'바람의 파이터' 최영의는 첫 한일축구전이 열렸을 때, 미국에서 황소 뿔을 꺾는 등 맹활약을 하고 있었기에 한국 팀 후원에는 참여하지 못했다.

로서 군림할 수 있었을까? 장훈은 장훈대로 또 역도산은 역도산대로 각자 자신의 신념에 따라 살아갈 수밖에 없었다. 일본 사회의 차별에 시달려 온 한국인들의 삶이 다들 그랬다.

최영의는 첫 축구 한일전이 열렸을 때 일본에 없었다. 1년 전인 1953년 4월 미국의 갱 알 카포네의 조직에서 간부였던 한국계 미국인 제이슨 리의 초청을 받아 미국으로 건너가 시카고에서 맨손으로 황소 뿔을 꺾는 등 '갓핸드Gods Hand(신의 손)'의 전설을 낳고 있었다. 역도산과는 달리 자신이 한국인이라는 사실을 평생 감추지 않았던 최영의는 축구의 첫 한일전이 끝난 한 달 뒤 미국에서 일본으로 돌아와 한국 팀의 승리를 직접 지켜보지 못한 것을 못내 아쉬워했다.

한국선수단의 숙소 후쿠야여관

한국선수단의 숙소는 호텔이 아닌 도쿄 나카노의 '후쿠야'여관으로 정해졌다. 후원회 사무차장인 김세기가 고른 여관이었다. 한국 사람은 의식주 모두 한국식이라야 하기 때문에 호텔을 일부 빌릴 경우 여러 가지로 불편하리라 생각했다. 김세기는 학생 시절 때때로 시험공부를 위해 묵었던 후쿠야여관을 떠올렸다. 후쿠야여관은 원래 야구 선수를 비롯해 스포츠 선수들이 자주 투숙했던 여관이다.

한국선수단이 묵는 동안은 다른 손님들을 받지 않기로 하고 민단부인회의 회원들이 김치를 담가 선수들 식탁에 공급하기도 했다. 여관의 안주인은 그때를 돌이키며 이렇게 말했다.

"한국선수단 여러분은 모두 대단히 예의 바른 분들이라는 인상을 받았습니다. 민단부인회 회원들이 여관에 오셔서 김치도 담그고 마늘을 넣어 육회도 만드셨습니다. 선수들이 한국에 돌아가신 뒤에도 한동안은 욕실의 욕조에서도 마늘 냄새가 남아 있었습니다. 그런 한국 음식이 원동력이 되어 강했던 것인가 생각도 했습니다. 부인회 분들이 김치를 주시면서 '좀 들어보세요'라고 말씀하셨지만 그때는 아직 김치에 익숙지 않아 사양했습니다."

1993년 1월부터 1년 반 이상 서울의 연세대학교 한국어학당에서 우리말을 연수한 프리랜서 오오시마 히로시가 쓴 《일한 킥오프의 전설》이라는 책에는 첫 한일전을 앞두고 두 나라 축구계의 상세한 움직임과 후쿠야여관에 대한 생생한 묘사도 실렸다.

2차전은 무승부

1954년 3월 7일 도쿄 메이지신궁 경기장에서 치러진 한일 대표팀의 1차전은 한국이 5:1로 크게 이겼다. 하지만 3월 14일 같은 경기장에서 열린 2차전에서는 2:2로 바꿨다. 1차전에서 4골 차의 압승을 거둔 한국이 왜 2차전에서는 비기고 만 것일까?

1차전에서의 대승으로 한국 팀의 긴장이 풀어졌던 것 같다. 당시 대표팀의 감독을 맡았던 이유형(전 국가 대표 선수, 〈서울신문〉 체육부장)은 생진에 그때를 이렇게 회고했다.

"1차전을 크게 이기고 나니까 둘레에서는 '일본쯤은 아무것도 아니다'라는 분위기에 휩싸이게 된 거야. 그래서 재일대한체육회의 정건영 씨가 우리들을 매일 밤 대접해 주었지. 긴자의 이렇다 할 집은 이곳저곳 모두 데려다주어 안 가 본 곳이 없을 정도였어. 지금 생각해도 좀 너무 많이 먹고 너무 많이 마신 느낌이야."

이유형 감독과 배종호 코치는 매일 밤 이렇게 진탕 퍼마시는 것이 2차전을 앞두고 과연 괜찮은지를 놓고 이야기를 나누었다. 그러나 정건영의 호의를 무시할 수는 없으니 대접을 받자는 쪽으로 결론이 난 모양이다. 그때 왼쪽 수비수를 맡았던 이종갑은 "2차전도 문제없이 이길 수 있다는 지나친 자신감 때문에 긴장이 풀어졌던 것은 사실이다. 긴장이 풀어졌는데 경기를 잘할 수 있었을 까닭이 없다"라고 2차전 결과를 반성했다.

한국은 1차전에서 정남식과 최광석이 각각 2골, 최정민이 1골 그리고 2차전에서는 정남식과 최정민이 각각 1골을 기록했다. 그러니까 두 경기에서 정남식이 3골, 최광석과 최정민이 각각 2골을 올렸지만 일본 선수들에게 가장 강한 인상을 준 것은 최정민이었다.

일본의 수비수 히라키는 "최정민은 몸무게의 중심이 낮고 움직임이 날카로워 마치 어린애들 속에 어른이 한 사람 있는 것 같은 느낌이었다"라고 말했다. 일본의 공격수 기무라는 "최정민은 파워가 있었고 플레이가 끈질겼다. 지금의 일본 선수는 그런 면에서 부족하다. 절대로 포기하지 않는 그런 정신력을 지니고 있었다. 오늘날의 선수들이 본받아야 할 선수다"라고 찬사를 보냈다.

1승 1무로 일본을 앞지르고 한국이 스위스행 티켓을 차지하자 그날 밤 신주쿠에서는 승리 축하 모임이 성대히 열렸다. 선수단은 현해탄에 몸을 던지지 않아도 되게 됐고 한일전을 유치한 재일대한체육회 관계자들은 크게 체면이 섰으며 재일 동포들은 태극기를 단 한국 축구 팀의 일본 제압에 기쁨을 감추지 못했다. 당시 한국 축구의 현실적인 목표는 일본을 꺾고 스위스월드컵에 나가는 것이었고 그 목적은 많은 재일 동포들의 열성에 의해 이루어졌다고 해도 지나친 말은 아니다.